Kaoru Takeda
Maniac Lesson

たけだかおる洋菓子研究室の
マニアックレッスン

たけだかおる

河出書房新社

はじめに prologue

はじめまして。

この本を手にとってくださり、ありがとうございます。

たけだかおると申します。

毎日お菓子作りをしている中で、世の中にあふれるレシピを見て、

「なぜこの材料なのだろう?」「なぜこの分量なのだろう?」「なぜこの手順なのだろう?」

など、疑問に思ったことを常日頃から研究しています。

そしてこのたび、その検証結果を一冊にまとめたのがこの本になります。

私はよく「レシピを読み解く」「レシピの行間が読める」という表現をします。

これは、レシピを作った人の意図が読めるようになるということ。

上記にある「なぜ?」を、自分なりに解釈できることを指しています。

そうなると、材料がないときの代わりの策を考えられるようになったり、

アレンジもできるようになったりします。

例えば、「この焼き菓子は転化糖を 5g 使っている。でも家にない」となったとき、

どのように考えられるか。「転化糖は、生地をしっとりとさせる役割がある」。

それを知っていたら、転化糖がなくても、香りやクセが気にならないなら

はちみつを使うことも選択肢の一つとしてあがります。

このように、レシピの材料や作り方の理論を知っていると、

お菓子作りのハードルは確実に下がります。

また、甘みやカロリーを気にして砂糖をむやみに減らす方がいますが、

そうするとお菓子として成立しにくくなります。その理由を理解していると、

希望を叶えながらもお菓子として成立するものが作れるようになります。

また、ふんわりした生地と、生地感がしっかりしたものの作り分けも、
理屈がわかれば、自分でできるようになります。
そういったことを手助けするような検証を、この本にはたくさん載せています。

お菓子を作るのが苦手だと思っている人は、失敗が怖かったり、
失敗の原因がわからないから嫌なのだと思います。誰も失敗したくないのに、
してしまう。もちろん、私も材料を無駄にしてしまうのは嫌です。

でも私は、失敗から学べることはたくさんあると考えています。

失敗の原因を考えることによって、そこから学び、
レシピの行間が読めるようになると、お菓子作りはもっと楽しくなります。
理論的に可能な範囲で、小麦粉の種類を変えたり、泡立ての状態を変えたり、
砂糖の量を調整したり、自分なりにできるようになります。
また、うまくいかなかったときに、リカバリーする方法も見つけることができます。

もっとお菓子作りが楽しく、自由になるように、という思いから、
この本を作りました。
「ちゃんと作れるけど、もっと自分なりにアレンジしたい」、「失敗の理由や原因を
知りたい」、「なんとなく作っているけど、いまひとつうまく作れない」という方のため、
あらゆる角度から検証をしました。

マニアックなお菓子の世界を知ることで、お菓子作りの幅と質が格段に変わります。
ぜひそれを知っていただきたいと思っています。

たけだかおる

contents

2	はじめに
6	材料について
8	小麦粉について
9	砂糖について
10	バターについて
11	乳化について

12　`column 1`　オーブンについて

Lesson 01
厚焼きバターサブレ

14　**基本の作り方**

18　**検証①**　冷たいバターで作る場合と、
　　　　　　　ゆるめたバターで作る場合の
　　　　　　　違いは？

20　**検証②**　焼く前の生地が冷たい場合と、
　　　　　　　常温の場合の違いは？

22　**検証③**　小麦粉の量を増やしてみると？

24　**検証④**　同じ配合のまま小麦粉の種類を
　　　　　　　変えてみると？

26　**検証⑤**　バターを泡立てて作ってみると？

28　`column 2`　私の愛用品について

Lesson 02
フィナンシェ

30　**基本の作り方**

34　**検証①**　バターを焦がして作る場合と、
　　　　　　　溶かして作る場合の違いは？

36　**検証②**　発酵バターで作る場合と、
　　　　　　　非発酵バターで作る場合の違いは？

38　**検証③**　ベーキングパウダーの必要性は？

40　**検証④**　生地を休ませないで作る
　　　　　　　フィナンシェは？

42　**検証⑤**　しっとりさせる要素を変えてみると？

44　**検証⑥**　同じ配合のまま小麦粉の種類を
　　　　　　　変えてみると？

Lesson 03
バターケーキ（パウンドケーキ）

48　**基本の作り方**

52　**検証①**　ゴムベラで混ぜる＆ベーキング
　　　　　　　パウダーなしで、なぜ膨らむ？

54　**検証②**　ベーキングパウダーは
　　　　　　　入れなくていいの？

56　**検証③**　同じ配合のまま小麦粉の種類を
　　　　　　　変えてみると？

58　**検証④**　同じ配合のまま砂糖の種類を
　　　　　　　変えてみると？

60　**検証⑤**　シロップを打つ意味は？

Lesson 04
ジェノワーズ（ショートケーキ）

62　**基本の作り方**

70　**検証①**　卵を湯せんしないで泡立てる場合と、
　　　　　　　湯せんして泡立てる場合の違いは？

72　**検証②**　大きな泡を作らない方法と、
　　　　　　　泡の大小による仕上がりの違いは？

74　**検証③**　小麦粉の量、砂糖の量を半分に
　　　　　　　減らしてみると？

76　**検証④**　同じ配合のまま油脂の種類を
　　　　　　　変えてみると？

78　**検証⑤**　ムースなどの土台にする場合の
　　　　　　　生地は？

80　`column 3`　レッスンについて

Lesson 05
パート・サブレ
（キャラメルナッツのタルト）

82	**基本の作り方**	
90	検証 ①	冷たいバターで作る場合と、ゆるめたバターで作る場合の違いは？
92	検証 ②	同じ配合のまま小麦粉の種類を変えてみると？
94	検証 ③	アパレイユに応じて生地の配合を変えてみると？
96	column 4	おいしさを保つ方法について

Lesson 06
パイ（フラン・ナチュール）

98	**基本の作り方**	
104	検証 ①	同じ配合のまま小麦粉の種類を変えてみると？
106	検証 ②	同じ配合のままバターの種類を変えてみると？
108	検証 ③	生地の卵黄を全卵に、牛乳を水に替えてみると？
110	column 5	フランスについて

Lesson 07
シュー・ア・ラ・クレーム

112	**基本の作り方**	
120	検証 ①	材料を全て常温にする場合と、温度差がある場合の違いは？
122	検証 ②	水分の量を増やしてみると？
124	検証 ③	同じ配合のまま小麦粉の種類を変えてみると？

126	検証 ④	牛乳を水に替えてみると？
128	検証 ⑤	オーブンを開けるタイミングに注意！

Lesson 08
レーズンサンド

130	**基本の作り方**	
136	検証 ①	バタークリームの作り方で、バターを泡立てない場合と、泡立てる場合の違いは？
138	検証 ②	バタークリームの作り方で、強く泡立てた卵白にシロップを加えてみると？
140	検証 ③	バタークリームを卵黄ベースで作ってみると？

Lesson 09
ダックワーズ・オ・カフェ

144	**基本の作り方**	
150	検証 ①	割卵してすぐの卵白を使う場合と、時間が経った卵白を使う場合の違いは？
152	検証 ②	冷たい卵白を使う場合と、半解凍の卵白を使う場合の違いは？
154	検証 ③	卵白に加える砂糖の量を変えてみると？
156	検証 ④	同じ配合のまま小麦粉の種類を変えてみると？

158	おわりに

※この本の決まり

・本書ではガスオーブンでの加熱温度、加熱時間を表記しています。
・オーブンの加熱温度、加熱時間、仕上がりは機種によって異なります。表記の時間を目安に、使用するオーブンに合わせて調整してください。
・オーブンを使うレシピでは、焼く前に、加熱温度になるようにしっかり予熱しておいてください。
・電子レンジは500Wのものを使用しています。

材料について

お菓子作りの基本は、材料選びから。
シンプルなものこそ、素材の味が仕上がりに反映します。
おいしく作るために、理想に合わせた材料選びをしてください。

[小麦粉]

目指しているお菓子の仕上がりによって、薄力粉、準強力粉を使い分けています。基本的にお菓子では薄力粉が使われることが多いのですが、本書では準強力粉で、生地に風味と強さを出しているものもあります（詳細はP8）。

[卵]

卵は、材料の中でも味の違いがダイレクトに出る、重要な要素の一つとなります。シンプルな配合のバターケーキなどは、特に鶏の飼料の味が仕上がりに影響することもあります。卵は個体差があるので、個数ではなく、グラム表記にしています。

[バター]

全てのレシピで食塩不使用のものを使用。そして、食塩不使用のバターを使っているレシピで塩を加えるのは、自分好みの塩分量にしたいからです。発酵バターを使っているものは、やはりその風味を楽しんでいただきたいからこそ（詳細はP10）。

[砂糖]

焼き色をしっかりつけてしっとりさせたい場合は上白糖…といった具合に、本書ではお菓子に合わせて提案しています。グラニュー糖に関しては、全て微粒子のものを使っています。砂糖を変えた場合の検証もしているので、参考にしてみてください（詳細はP9）。

[牛乳]

乳脂肪分3.6％以上のものを使っています。「成分無調整」と書かれたものを選んでください。加工乳だと仕上がりの味が変わってしまいます。

[生クリーム]

本書では主に乳脂肪分が36％前後、動物性のものを使っています。ショートケーキに使う生クリームはそのパーセンテージに合うように生地の配合を考えてあります。脂肪分が45％になると36％前後のものより泡立ちやすい分、分離もしやすいので注意が必要です。買い出しに行く際は、保冷バッグを持っていきましょう。温度を冷たく保つことが大切です。

TOMIZ（富澤商店）のおすすめ商品

バイオレット（日清製粉）：代表的な薄力粉。ふんわり、サクッと、軽い仕上がりが特徴。上品な味わいと、比較的澄んだ色合いになり、素材を生かしたお菓子作りにぴったり。

特宝笠（増田製粉）：グルテン量を少なくし、泡立てた気泡を包んで壊さないことをコンセプトに作られました。しっとりとした焼き上がりと、ソフトな口当たりに仕上がります。

フランス（鳥越製粉）：日本で開発された本格的フランスパン専用粉ですが、お菓子作りでも大活躍。小麦本来の風味と香ばしさ、色は白くボリュームが出やすいのが特徴。

微粒子グラニュー糖：粒子の細かいグラニュー糖。生地に均一に混ざりやすく、お菓子作りに最適。バターやメレンゲとも混ざりやすく、お菓子の舌ざわりがなめらかです。

皮無アーモンドパウダー：カリフォルニア産のアーモンドを粉末加工したもの。アーモンド100％のピュアパウダー。使う前に少しローストすると、香りがより引き立ちます。

ベギャンセ カソナード：サトウキビ100％で作られるフランス産の茶褐色の砂糖で、精製されていない粗糖。豊かな味わいが特徴で、焼き菓子にコクを出してくれます。

小麦粉について

お菓子作りに欠かせない小麦粉にはいくつか種類があります。用途に応じて使い分けるために、特徴を紹介します。

◆ 小麦粉の性質について

　もともと小麦粉は水を加えたときに、粘弾性のある生地になる性質を持っています。それは小麦粉に含まれる「グルテニン」と「グリアジン」という2種のタンパク質が、水と合わさることで「グルテン」という物質に変わるから。

　「グルテニン」は丈夫なバネが何本も連結した「バネの束」のような弾力のある構造を作ることができます。そのため、グルテニンに水を加えて練ると、非常にコシの強い状態に変わります。

　対して、「グリアジン」は、丸い球のような形をしていて、水を加えて練ると、お互いにゆるく引きつけ合うため、流動性のあるネバネバとした状態になります。

　上記の「グルテニン」と「グリアジン」が両方そろった状態で水を加えて練ると、グルテニンのバネとバネの間に、球状のグリアジンが入り込み、グルテニンをなめらかにして、全体の伸びをよくすると言われています。この「弾性」と「粘性」を適度に併せ持った性質が「グルテン」であり、生地を形成する「骨格」となります。

　タンパク質含有量が少ないほど、グルテンの量が少なく、弾性や粘性といった性質や、骨格が弱いということになります。逆に、タンパク質含有量が多いほど、グルテンの量が多く、弾性や粘性といった性質や、骨格が強いということになります。

　どの小麦粉を使うかによって生地の状態や風味が大きく左右されるため、作るお菓子によって使い分けるとお菓子の幅が広がります。

主な小麦粉の種類	タンパク質含有量 (%)	粒子の大きさ	グルテンの性質
薄力粉	7.0 〜 8.5	細かい	弱い
中力粉	8.5 〜 10.5	やや細かい	やや弱い
準強力粉	10.5 〜 11.5	やや粗い	やや強い
強力粉	11.5 〜 13.5	粗い	強い

※本書ではタンパク質含有量が12%の「フランス」を準強力粉としていますが、これはメーカーでの扱いに準じたものになります。

砂糖について

砂糖もお菓子作りの材料において欠かせない存在。
味や性質の特徴で使い分けすると、お菓子作りの幅が広がります。

◆ 砂糖とは

　砂糖は、サトウキビや甜菜（ビート）から作られています。切断・圧搾→清浄・ろ過（「ファインリカー」ができる）→濃縮→結晶化→分離→乾燥させると砂糖のでき上がり。そこからさらに加工を加えると、角砂糖や粉糖になります。その他、サトウキビの絞り汁を煮詰めて作った黒糖や、樹液から取れるものもあります。

　砂糖には、甘みをつけることはもちろん、焼き色をつけたり（メイラード反応）、水を引きつける力（保水力）があります。また、食品に含まれている水分を奪い取る力（脱水作用）があるため、食品を傷みにくくし、保存性を高めてくれます。生地の気泡の周囲にある水に溶け込んで粘度を高め、気泡を安定させる働きも持っています。

砂糖の種類	特徴
上白糖	最高純度の「ファインリカー」を元に1〜2番目に製造されるもの。甘みにコクがあり、しっとりと仕上がる。
グラニュー糖	細かい粒状に結晶させた精製糖の一種で、さらさらとしている。粒が大きい分、溶けにくいという性質も。
微粒子グラニュー糖	グラニュー糖より粒が小さいので、溶けやすく作業性がよい。本書では全て微粒子グラニュー糖を使用。
粉糖	グラニュー糖を粉砕して作られる粉状の砂糖。粉糖にもいろいろ種類がある。純粉糖、オリゴ糖入りなど。オリゴ糖や粉末みずあめが入っているのは固まりにくくするため。これ以外に製菓の場合は、デコレーション用の粉糖などがあり、粉糖に油脂をコーティングするなどして生地となじまないように加工してある。固まりにくくするためにコーンスターチが添加されているものもあるが、生地に影響が出る場合があるので、本書では使用していない。
カソナード	サトウキビ100%で作られるフランス産の茶色い砂糖で、精製されていない、さらさらとした粗糖。焼き菓子に使うと、豊かな風味で、コクのある味わいの焼き上がりになる。
メープルシュガー	カエデの樹液を煮詰めてメープルシロップを作り、そこから水分を取り除いてパウダー状にした砂糖。メープルの香りとすっきりとした甘さが特徴。

バターについて

本書で紹介しているお菓子のキーは、なんといってもバター。
自分好みのバターを使って、味や風味を楽しんでください。

　生乳の中に含まれている乳脂肪を、遠心分離機にかけて濃縮し、バターの原料となるクリームを作ります。そのクリームを急冷し、激しい攪拌をして、乳脂肪の小さな粒を作ります(チャーニング)。粒が適度な大きさになったら、水分を分離させて練り合わせ、水分量の調整をします。さらに形を整えたり、塩を加えたりして完成です。厚生労働省の乳等省令には「生乳、牛乳又は特別牛乳から得られた脂肪粒を練圧したもの」と定義されています。

◆ 発酵バターとは

　発酵バターには、バターの原料となるクリームに乳酸菌を加えて発酵させるものと、チャーニング後に乳酸菌を加えるタイプがあります。これにより、独特の芳醇な香りを持ったバターになります。発酵バターはいずれも非発酵バターに比べて、保存性が低いのが特徴です。

　お菓子の本場であるヨーロッパでは、発酵バターが主流。豊かな風味とコクが特徴で、種類も豊富です。産地によって風味がずいぶん異なります。例えば、海の近くで育てた牛の牛乳を使えば、海藻のような香りのするバターになります。

　ヨーロッパのバターで、A.O.P.※のマークがついている商品は、その原産地で厳密な基準をクリアして生産されたことが証明されているものです。一方で手作りのバターは昔ながらの製法を守って作られているものが多く、香りも味も異なり、それぞれに利点があります。お菓子の仕上がりに合わせて選べるのが特徴と言えます。

　日本で作られる発酵バターも、メーカーにより風味が異なります。穏やかな発酵の香りがするものから、インパクトがあるものまでさまざま。

◆ 本書で使用しているバターについて

　レシピに使っているのは、発酵の香りが特徴的な明治乳業の発酵バターです。近年は日本産でも、産地の名前を冠した商品も出ています。好みや仕上がりをイメージして選ぶのがよいでしょう。

◆ 保存の仕方

バターはにおいを吸収しやすく、また変質しやすい食品です。においが移らないように密閉し、また光を遮断できるようにきちんと包んで保存をしましょう。なるべく早い消費をおすすめします。冷凍する場合は、できれば完全に脱気・密閉するのがよいでしょう。

※A.O.P：Appellation d'Origine Protégée(原産地呼称保護制度)

乳化したもの

分離したもの

高さも出てきれいに割れ、しっとり感がある

表面に油が出て、ややぼろっとした感じ

乳化について

お菓子作りでよく目にする「乳化」。
改めて、その意味合いとポイントについて解説します。

◆ 乳化とは…

本来なら繋がることのない水と油を、乳化剤の役割を果たす「レシチン」を含む卵黄などを使い、混ざり合った状態にすることを指します。

乳化剤は、片方の液体を細かい粒子状に変えて、もう一方の液体に分散させることで、乳化させています。乳化剤の最も主要なものは、卵黄に含まれるレシチン。これが、生地の骨格を形成しているグルテン（P8参照）に吸着し、グルテン同士やグルテンと他の成分との滑りをよくして、全体をなめらかにします。フィナンシェやバターケーキ、レーズンサンドのシュクレ生地など、生地の乳化がポイントとなるお菓子はたくさんあります。

バターが多く含まれる生地で乳化できなかった場合、油っぽい仕上がりになり、本来のおいしさが味わえなくなってしまいます。ただし、水分が多い配合や、求めている食感を出すために、初めから乳化することを目指していない生地もあります。つまり、全てのお菓子においてきちんと乳化することが、必ずしも正しいというわけではありません。

◆ 乳化させるときのポイント❶　［温度］

バターケーキや、レーズンサンドのシュクレ生地の乳化では、卵が冷たかったり、バターの温度が低かったりするとうまく乳化しません。フィナンシェでは、卵白（水分）とバター（油脂）が繋がるためには80℃ほどの温度が必要になります。

◆ 乳化させるときのポイント❷　［混ぜ方］

バターケーキやシュクレ生地の乳化は、混ぜ方が重要です。ボウルを斜めに置き、ゴムベラで混ぜて生地がボウルからツルツル滑らない状態にします。最初はなじみやすいので多めに入れがちですが、乳化を確認しないでどんどん混ぜると最後にひどく分離してしまいます。ボウルを斜めに置くことで、乳化した際の手応えが感じやすくなります。乳化すると生地が締まって手応えが重くなります。必ず乳化を確認しましょう。乳化の手応えを感じないまま次を加えると、一度に加えたのと同じ状態になってしまいます。ただ、分離を恐れて加える量が少しずつすぎると、ゴムベラで混ぜていても自然に空気を抱き込み、必要以上に膨らみます（P52～53 検証①参照）。

column 1

オーブンについて

お菓子作りに欠かせないオーブン。
個体差が大きいので、いかにその特徴を掴むか、が大切です。
私が使っているコンベクションオーブン（ガスオーブン）について、解説します。

　まず、コンベクションオーブンについてですが、庫内上下にあるヒーターが放射する熱によって焼く電気オーブンと異なり、ファンを内蔵してやわらかい熱風対流を起こし、食材を焼き上げる構造になっています。そのため、庫内の温度が一定に保たれ、焼きムラを少なくできます。我が家ではリンナイのコンベクションオーブンを15〜16年ほど、毎日使っています。

入れる位置によって違いがある

　オーブンによりますが、上段、中段、下段といった具合に、天板を入れる高さが選べるタイプがあります。我が家のオーブンは5段になっていますが、主に使うのは中央と下段です。中央にすると火の当たりがちょうどよく、しっかりと焼き上がります。下段はあまり焼き色をつけたくないときに使用しています。上段に天板を入れているのは、熱の対流をよりよくするため。

自分のオーブンのクセを知る

　レシピ通りに焼いても、仕上がりが写真通りにならないことや、焼きムラができるということはありませんか？ それはオーブンには個体差があるから。仮に同じ機種のオーブンでも、使用する頻度や、使い始めてからの経過時間などによっても、焼き上がりに差ができます。まずは自分の持っているオーブンの焼き具合をきちんと把握することが、お菓子作り成功の鍵です。
オーブンを買ったら、一度、天板一面に生地を焼いてみましょう。端に焼き色が強くついていたり、中央は焼き色が淡かったりと、焼きムラができることがわかるはずです。そこから、生地を天板のどの位置に置くのか調整してください。また、火の当たりが均一になるよう、焼いている途中で天板の奥と手前を入れ替えるのもポイントです。

Lesson 01

厚焼きバターサブレ

Sablés

厚焼きバターサブレ

Sablés

厚く焼くことで、ザックリとした歯応えが楽しめる、
バター好きによる、バター好きのためのサブレです。
卵を入れない配合にしたので、バターの水分だけで生地をまとめます。
そうすると粉の量も極限まで減らすことができ、
バターの風味をしっかりと感じられます。
冷たいバターを使うことで、エッジの立った仕上がりに。

材料

直径45mm×厚さ15mm 約10枚分

発酵バター	100g
アーモンドパウダー	30g
準強力粉 (フランス)	100g
粉糖 (オリゴ糖入り)	40g
バニラビーンズ	適量
クリスタルシュガー	適量

下準備

バターは1cm角にカットして、バニラビーンズを裂いて取り出した種をのせ、冷蔵庫で冷やしておく(カチカチになるほど冷やしすぎるとNG。なじむまでに時間がかかりすぎて、フードプロセッサーの熱でバターがゆるんでしまう)

アーモンドパウダー、準強力粉、粉糖を合わせて、冷凍庫で1時間程度冷やしておく

基本の作り方

［材料を混ぜる］

❶

クリスタルシュガー以外の材料をフードプロセッサーに入れて攪拌する。

❷

大きなゴロゴロっとした状態になったらOK。

［成形する］

❸

ギターシート（なければラップでも可）に取り出す。

point ギターシートは厚手のチョコレート用ビニールシートで、表面にシワがよりにくい。製菓材料店やインターネットで購入可。

❹

手早くひとまとめにしてギターシートで包み、幅45mm以上の長方形になるように整える。

point 生地をさわりすぎると、バターがゆるんで形がキープできなくなる。

/ 厚焼きバターサブレ /

❺

麺棒で15mmの厚さに伸ばし、しっかり包んで3～4時間冷凍する。

point 実際に型を置いて、45mm以上の幅になっていることを確認する。

※焼く前の生地はしっかりとラップで包み、2週間ほど冷凍保存可。使うときは、❻と同様に型で抜く。

[型で抜く]

❻

45mmの丸型で抜く。残った生地もまとめ直して、型で抜く。

point なるべく凍ったままの状態で抜き、冷たさをキープしたまま焼く(P20～21 検証②参照)。

point まとめる際にゆるみやすいので注意。

❼

側面にクリスタルシュガーをまぶす。

point 抜いてからまぶすことで、クリスタルシュガーをたくさん使わなくて済む。

[焼く]

❽

160℃のオーブンで12分、天板の向きを変えて8分程度焼く。

point シルパン(P28参照)を使用すると、生地が広がりにくい。

※乾燥剤などを入れて密閉して、常温で3日程度保存可。

検証①

Vérification No.1

冷たいバターで作る場合と、ゆるめたバターで作る場合の違いは？

生地の立ち上がりとサックリ感が違う

絞り出しクッキーを作ったとき、ゆるめたバターと、冷たさの残るゆるんだバターで作り比べたところ、仕上がりの形が違いました。そのことをふまえて、作り始めのバターの状態を変えて比較してみました。

ゆるめたバターで作る場合は、基本の作り方(P14～17)を元に、バターに粉糖、粉類の順に加えて作りました。

最初から焼く直前まで、バターが冷たいままの状態を保って作った生地は、焼いたときも形をキープできます。バターの香りも豊かになります。

一度ゆるめたバターはあとから冷凍したとしても、形をキープする力が弱くなってしまい、少し広がったような形になります。

どちらの作り方が正解ということではなく、最終的にどのような仕上がりにしたいか、で決めるとよいと思います。

ちなみに、卵が入る配合にする場合は、乳化のためにバターをゆるめるのが必須なこともあります。

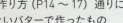基本の作り方（P14〜17）通りに
冷たいバターで作ったもの

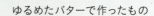ゆるめたバターで作ったもの

検証 ②

Vérification No.2

焼く前の生地が冷たい場合と、常温の場合の違いは？

エッジの出方と、バターの風味がやや変わって、少し油脂感が出る

作り方は、以下で統一しました。
❶ ゆるめたバターに粉糖と粉類を加えて混ぜる。
❷ 冷蔵庫で休ませてから型抜きをしておく。
その後、焼く直前まで冷やしておいた場合と、冷やさず常温のまま焼く場合を比較しました。

焼き始めの生地の温度が違うと、バターの溶け出すタイミングが違うので、仕上がりの形に差が出ます。

生地が冷たいとバターが溶け始めるまでに時間がかかるので、やや高さのある焼き上がりに。バターの風味も豊かに広がります。

常温のまま焼くと、バターがすぐに溶け出すので、少し横に広がった焼き上がりになります。バターの香りもやや弱くなり、少し油脂感が出ます。

生地を冷やして焼いたもの　　　　　生地を常温のまま焼いたもの

検証 ③

Vérification No.3

小麦粉の量を増やしてみると？

生地がより立ち上がり、エッジもよく出る

基本の作り方(P14〜17)で、準強力粉を20g増量して作ってみました。

P18〜19の検証①では、ゆるめたバターで作ったサブレが、形を保ちにくいことがわかりました。では、「骨格」となる小麦粉を増やせば(P8参照)、さらに形をキープできるのではないかと思い、検証しました。

材料の中に含まれる水分と粉の比率が変わるので、形は保ちやすくなります。そのため、生地が縦に伸びて立ち上がるという結果になりました。基本の配合では、アーモンドパウダーも入っているので、準強力粉を20g増やしても硬い生地にはなりません。

ただ、小麦粉を増やしている分、少し詰まったような食感で、粉の風味が先に感じられるような仕上がりになっています。
ザックリ感が強く出るので、好みで選びましょう。

ちなみに、卵が入る一般的なクッキーの場合は、粉の量をより多く加えて、形を保てるようになっています。

基本の作り方（P14〜17）通りに
小麦粉を 100g にして作ったもの

小麦粉を 120g にして作ったもの

23

検証 ④

Vérification No.4

同じ配合のまま
小麦粉の種類を変えてみると？

「フランス」はややザックリ、
「バイオレット」はやや軽め

　小麦粉は生地を支える「骨格」となるもの。そして、その土台の持つ力は、粉に含まれるタンパク質の量とその質によって決まります(P8参照)。小麦粉が骨格だと考えたとき、製菓材料に表記されているタンパク質の量が違った場合、仕上がりに差が出るのか比べてみました。

　作り方は、基本の作り方(P14〜17)で統一しました。

　「フランス」はタンパク質の量が12％で準強力粉に分類されます。焼き上がった生地は軽さが抑えられ、しっかりとした粉の風味が感じられます。

　「バイオレット」はタンパク質の量が7.8％で、薄力粉に分類されます。軽くサックリとした生地感になり、ふわっと口の中でほどけていくような食感です。また、写真では一回り大きく広がっているのが見てとれます。

　小麦粉の種類ごとの性質を知っていれば、サブレーつとっても、レシピの幅が広がります。どちらが正しいといったことではなく、どのような仕上がりにしたいのか、で使い分けてください。

基本の作り方（P14〜17）通りに　　　　　薄力粉（バイオレット）で作ったもの
準強力粉（フランス）で作ったもの

検証⑤

Vérification No.5

バターを泡立てて作ってみると？

生地はサクサクと軽くなり、バターの風味もふんわりと優しくなる

作り方は、以下で統一しました。
❶ バターを常温でゆるめておく。
❷ 粉糖を一度に加え、ハンドミキサーでしっかりと空気を抱き込んで白っぽくなるまで泡立てる。
❸ 粉類を合わせて、ひとまとめにする。
以降は基本の作り方(P14〜17)で統一しました。

バターを泡立てるとしっかりと空気を抱き込んで、サクサクとした軽い仕上がりに。

基本の作り方(P14〜17)通りに作ったものより、口当たりは軽く、バターの風味が優しい感じになります。

基本の作り方(P14〜17)はバターを泡立てていないので、ダイレクトにバターの風味を感じます。

せっかく発酵バターを使って作るのであれば、その香りを最も引き出せる作り方で作ってみてはいかがでしょうか。

基本の作り方(P14〜17)通りに
フードプロセッサーで混ぜて作ったもの

泡立てて作ったもの

column 2

私の愛用品について

**毎日お菓子作りをする私に欠かせない愛用品。
今回は、ミキサーとオーブンシートをご紹介します。
インターネットや製菓材料店で購入することができます。**

キッチンエイドのスタンドミキサー

　アメリカのキッチンエイド社が販売し、キッチンの必需品として圧倒的な人気を誇る業務用多機能ミキサー。スタンドミキサーでボウルが固定され、自分で混ぜなくても、自動的に「混ぜる」「練る」「泡立てる」を行います。羽根が均一に動くため、材料を均等に混ぜ合わせられるのが特徴。アタッチメントもたくさんあり、用途に合わせて使い分けることで、思い通りの混ぜ方ができます。

マトファーのシルパン

　マトファー社は、フランスにて創業1814年の製菓・調理道具メーカー。その会社が販売しているオーブンマットが「シルパン」です。
　網目状の加工が施されているため、余分な油脂分や水蒸気の逃げ道ができて、均一な焼き色がつき、でこぼこのない平らな底面に仕上がります。ペーパータイプのものと違い、繰り返し使えるのも嬉しいポイントです。

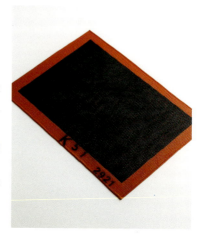

Lesson 02

フィナンシェ
Financièrs

フィナンシェ

Financièrs

焦がしバターの豊かな香りと深いコクを味わえます。
フィナンシェなのにマドレーヌ型なので、不思議に思われるかもしれません。
通常はフィナンシェといえば、インゴット型で焼くものですが、
あえて厚みを出すことによって、ふんわりした中の生地と
焼きたての表面のカリッと感との対比を楽しみたいので、この型を使っています。
そのカリッとした食感を味わえるのは作った人の特権です。

材料

マドレーヌ型8個分／1個30〜31g

卵白	80g
上白糖	70g
アーモンドパウダー	25g
準強力粉（フランス）	30g
ベーキングパウダー	1.5g
発酵バター	70g
バニラオイル	適量

point 上白糖には転化糖が含まれており、しっとり仕上がる。転化糖とは、ブドウ糖と果糖の混合物のこと。焼き色がつきやすく、カラメル化しやすい特徴がある。また、果糖は非常に保水性が高く、コクのある強い甘みを持っている。

下準備

アーモンドパウダー、準強力粉、ベーキングパウダーは、合わせてふるっておく

型にバター（分量外）を塗って冷蔵庫に入れておく

point 型と生地の間に油の膜を作るため、冷やしておくことに意味がある。

基本の作り方

[材料を混ぜる]

❶

卵白に上白糖を一度に加えて泡立て器で混ぜ、泡立てないように上白糖を溶かす。

point 上白糖に含まれる転化糖の効果でしっとりする。

❷

合わせた粉類を再度ふるいながら加え、泡立て器で「の」の字をだんだん大きく書いていくようにして、分散させて混ぜる。

point 液体に加えるのでかたまりができやすい。内側から混ぜて、徐々にボウルにくっついている外側の粉を手早く取り込んでいくようにする。

[焦がしバターを作る]

❸

バターを鍋に入れて中～強火にかけ、小さめの泡立て器で混ぜながらきつね色にする。

point 泡立て器で混ぜつつ焦がすことで、底にこびりつきにくい。また、バターの中の水分が蒸発しやすく、跳ねない。

❹

しっかりと色がついたら、温度が上がりすぎないように粗熱を取る。

point 色の度合いは好みで判断してよいが、「ブール・ノワゼット」にするのが基本(P34～35 検証①参照)。

point 泡が細かくなってくる。

[❷と❹を合わせる]

❺

粗熱が取れたら❷に❹を加えてしっかりと混ぜる。

point 冷ましすぎると乳化しにくい。バターの熱で粉がジュッとならない程度で可。80℃くらいが目安。

[生地を休ませる]

❻

バニラオイルを入れて、ラップをして半日～一晩休ませる。

point 休ませる生地とすぐに焼いた方がよい生地がある(P40～41 検証④参照)。休ませる時間が短いと型に入りきらないことがある。

/ フィナンシェ /

[型に入れる]

7

休ませておいた生地を混ぜて均一にし、はかりにのせた型に流し込む。

point 1個あたり30gほど。量りながら入れると均等な大きさになる。

[焼く]

8

160℃のオーブンで12〜15分程度焼く。

※焼く前の生地は前日に仕込んで冷蔵庫で保存できる。それ以上おくと状態が変わるので翌日には焼く。

※焼いたあとは、翌日にはかなりしっとりしてくる。密閉容器に入れ、涼しいところで保存する。油が酸化するので3〜4日以内に食べきる。傷まないが、風味は確実に落ちる。

フィナンシェ・オ・ショコラ

Financièrs au chocolat

材料

マドレーヌ型8個分／1個30〜31g

卵白	80g
上白糖	70g
アーモンドパウダー	25g
準強力粉（フランス）	20g
ココア（製菓用／無糖）	10g
ベーキングパウダー	1.5g
発酵バター	70g
バニラオイル	適量

point ココアは粒子が細かいので、必ず計量時に茶漉しを通す。

point ココアは退色、劣化しやすいので、光を遮断するように密閉して保存する。

作り方

基本の作り方と同じ。合わせてふるう粉類にココアを追加する。

検証 ①

Vérification No.1

バターを焦がして作る場合と、溶かして作る場合の違いは？

香りと余韻が全然違う！

たくさんレシピを見てきましたが、それぞれ焦がす度合いが違うので、その違いは何なのか比較検証してみました。

バターの焦がし具合以外は、基本の作り方(P30〜33)で統一しました。

基本の作り方ではバターを茶色く焦がして作っていますが、この焦がしバターのことを「ブール・ノワゼット」と言います。「ブール」はバター、「ノワゼット」はヘーゼルナッツのことです。

ヘーゼルナッツくらいの濃い色になるまで焦がすと、焼く前の生地の時点で、焦げたバターの色で、生地全体が色づいているのがわかります。

その焦げたバターが、生地に深い味わいを生み出し、芳醇な香りが口いっぱいに広がり、その余韻を長く楽しむことができます。

溶かしバターで作ると、あっさりとした仕上がりに。生地のサックリ感も、こちらの方がやや強く、軽めの仕上がりを好むのであれば、こちらがおすすめです。

ちなみに、「ブール・ノワゼット」の焦げた部分を漉して、生地に加えるレシピも見受けます。漉さずに加えても舌ざわりに影響することはありません。好みで漉すか漉さないかを選んでよいでしょう。

35

検証 ②

Vérification No.2

発酵バターで作る場合と、非発酵バターで作る場合の違いは？

バターの芳醇な香りが強いか、あっさりとしてアーモンドが少し香るか

いつもは発酵バターを使っていますが、非発酵バターとの違いを比べるために検証しました。

作り方は、基本の作り方(P30〜33)で統一しました。

基本のレシピは、バターの香りを強く感じるように作っています。それゆえ、使うバターの香りや風味が、はっきりと仕上がりに影響します。

発酵バターは、それ自体が独特の芳醇な香りを持っています。そのようなバターを使うということは、その香りがお菓子に如実に反映されるということ。豊かな香りのするフィナンシェに仕上がります。

非発酵バターを使うと、ややあっさりとした味わいに。その代わり、アーモンドの香りを先に感じられる仕上がりになっています。

バターの影響を受けやすいお菓子なので、ぜひその違いを体感してみてください。

基本の作り方（P30〜33）通りに
発酵バターで作ったもの

非発酵バターで作ったもの

検証 ③

Vérification No.3

ベーキングパウダーの必要性は？

入れると盛り上がりが大きく、気泡ができる

レシピによって、ベーキングパウダーを使っている場合と使わない場合があるので、その違いを比べるために検証しました。

ベーキングパウダーは膨張剤の一種で、炭酸ガスが生地を膨らませる働きをします。

よって、ベーキングパウダーを入れることで、やはり膨らみが大きくなります。仕上がりが派手になると言ってもいいでしょう。断面を見ると気泡を抱き込んでいることがわかり、その分、食感がふんわりとします。

入れなくても生地は膨らみます。むっちりと詰まったような生地感に。歯応えがあり、香りがゆっくり広がっていく印象になります。

基本のフィナンシェにベーキングパウダーを入れる理由は、軽めに仕上げたいからです。

どちらが正しいといったことではなく、どのような仕上がりにしたいのか、好みで選んでみてください。

ちなみに、P40〜41で紹介している「マロンのフィナンシェ」は、やや生地が重いため、ベーキングパウダーを使用しています。

基本の作り方（P30〜33）通り　　　　　　　　ベーキングパウダーを入れないで
ベーキングパウダーを入れて作ったもの　　　　　作ったもの

検証④

Vérification No.4

生地を休ませないで作る
フィナンシェは？

⋁

バターを多く入れるレシピで
作りましょう

ラム酒の香りと栗の甘みが楽しめる、ふんわりとしたフィナンシェです。

今回は卵白90gに対して、バターが100gと多め。ちゃんと乳化していると分離はしませんが、バターが多いため締まりやすく、締まると食感が変わるので、時間をあけずに焼いています。

基本の生地（P30〜33）は休ませることで生地が締まり、生地全体がなじみます。休ませたあとは、生地のかさが少し減ります。

また、P38〜39の検証③で、ベーキングパウダーの有無によって、生地感に違いが出ることがわかりました。それをふまえて、このレシピでは重いマロンペーストを加えているため、目が詰まりすぎないようにベーキングパウダーを加えています。

マロンのフィナンシェ

材料

直径50mmのシリコン・ミニマフィン型 8個分

マロンペースト	75g
ラム酒	8g
卵白	90g
バニラオイル	適量
微粒子グラニュー糖	35g
薄力粉（バイオレット）	40g
ベーキングパウダー	2g
発酵バター	100g
マロン渋皮煮	適量
ラム酒（マロン渋皮煮用）	適量

point マロンペーストは、計量の際に卵白と合わせておくと、かたまりがほぐれやすい。

下準備

- 薄力粉とベーキングパウダーは合わせてふるっておく
- マロン渋皮煮を粗くつぶし、ラム酒を和えておく

作り方

1. マロンペーストにラム酒を加えて、ゴムベラで溶き伸ばす。
2. 卵白も少しずつ加えながら混ぜ、ダマのない状態にする。バニラオイルを加えて混ぜる。
3. グラニュー糖を入れて、泡立て器で泡立てないように混ぜる。
4. 合わせた粉類を再度ふるいながら加えて、軽く混ぜる。
5. バターを焦がしバターにして(P32 ❸ ❹)、粗熱を取ってから(約80℃)、4に加えて混ぜる。
6. 型に流す。ラム酒を和えておいたマロン渋皮煮をのせる。160℃のオーブンで8分、天板の向きを変えて4分程度焼く。

検証 ⑤

Vérification No.5

しっとりさせる要素を変えてみると？

はちみつに替えて、よりしっとり

しっとりとした生地と、キャラメリゼしたナッツとの相性が抜群。特に焼きたてはナッツのカリッとした食感が際立ちます。

はちみつの成分は、約80％の糖分と約20％の水分。糖分の構成は、ほとんどが果糖とブドウ糖です。果糖は保水性が非常に高く、コクのある強い甘みを持っています。

そのため、はちみつを使って作ると深い甘みがあり、食感がしっとりとした生地に仕上がります。

また、多くの「還元糖」を含んでいるため、「メイラード反応」が起きやすく、焼き色がつきやすくなります。メイラード反応とは、還元糖とアミノ酸が結合し、焼き色をつけたり、香ばしい香りを生んだりする働きのこと。

このレシピは、生地の中の水分が加熱されることによって水蒸気となり、生地を膨らませる要素になっています。P40〜41の「マロンのフィナンシェ」ほど重い材料が入っていない生地なので、ベーキングパウダーを入れずに作ります。

ヘーゼルナッツのフィナンシェ

材料

◆ 生地

直径36mm×高さ17mmのフレキシパン
ポンポネット 18個分

卵白	70g
はちみつ	10g
微粒子グラニュー糖	55g
ヘーゼルナッツパウダー	30g
薄力粉（バイオレット）	25g
発酵バター	70g
バニラオイル	適量

下準備

ヘーゼルナッツパウダーと薄力粉は合わせてふるっておく

◆ ヘーゼルナッツのキャラメリゼ

作りやすい分量、半量でも可。

ヘーゼルナッツ	100g
微粒子グラニュー糖	35g
水	20g
発酵バター	3g

作り方

[ヘーゼルナッツの
  キャラメリゼを作る]

1. ヘーゼルナッツは150℃のオーブンで5分程度から焼きする。

2. 鍋に水とグラニュー糖を入れて115℃まで煮詰め（粘っこい泡がゆっくりと潰れる状態）、火を止めてナッツを入れる。

   point 温度が115℃になっていなくても、時間がかかるが混ぜ続けるとグラニュー糖は結晶化する。

3. シロップをナッツに絡めて砂糖が結晶化したら、再度火にかけ、ゆっくりと砂糖を溶かしてキャラメル色にする。

   point ナッツが熱い状態でシロップを絡める。

4. 火を止めてバターを絡めてから、バットにあけて冷ます。¼〜½にカットする。

[生地を作る]

5. 基本の作り方（P32 ❶❷）と同じ。上白糖ではなく、はちみつとグラニュー糖を使う。

6. バターを焦がしバターにして（P32 ❸❹）、粗熱を取ってから（約80℃）、5に加える。バニラオイルを加えて混ぜる。

[焼く]

7. 生地は休ませずに型に流す。4を散らし、160℃のオーブンで8分、天板の向きを変えて4分程度焼く。

検証 ⑥

Vérification No.6

同じ配合のまま
小麦粉の種類を変えてみると？

「フランス」はしっかり、
「バイオレット」はふんわり軽い

日本の小麦粉は、海外のそれと比べてかなり多種多様です。各メーカーから特徴のある粉がたくさん発売されています。製菓材料店での情報として知りうるタンパク質の量の違いと、それによる仕上がりの差を検証しました。

作り方は、基本の作り方(P30〜33)で統一しました。

フィナンシェのレシピで、タンパク質の量が12％もある「フランス」(準強力粉)を使っているのは、バターに負けない、強い生地にしたかったから。

香りの強い焦がしバターと、しっとりさせるためのアーモンドパウダーが入るので、それらの材料に負けないフィナンシェにするには、準強力粉である必要があったからです。
その結果、しっかりとした食感のある生地に仕上がりました。

比較のために、「バイオレット」(薄力粉)を使って作ってみると、ふんわりとした軽い口当たりになりました。バターの香りもちゃんと感じられます。

食感の好みで選ぶのがよいでしょう。

基本の作り方（P30〜33）通りに
準強力粉（フランス）で作ったもの

薄力粉（バイオレット）で作ったもの

Lesson 03

バターケーキ
（パウンドケーキ）

Butter cake

バターケーキ（パウンドケーキ）

Butter cake

土台のためのバターケーキを作ろうと思い、膨らまず硬くないレシピを考えました。
そのときに膨らむ要素をなくしたはずなのに、ふんわりと膨らむことが判明。
なぜ？という思いから何度も検証や試作を繰り返してできたレシピです。
バターの芳醇な香りがしっかりと感じられるケーキになりました。
しっとりと仕上がるのは、アーモンドパウダーのおかげ。
お菓子作りに大切な「乳化」を手応えで感じてほしいので、少なめの分量です。

材料

12cm×6.5cmのパウンド型1台分

発酵バター	60g
微粒子グラニュー糖	55g
全卵	60g
アーモンドパウダー	25g
薄力粉（特宝笠）	35g
レモン・シロップ（下記）	全量

point 軽く仕上げたいときに、薄力粉は特宝笠を使用する。

◆ レモン・シロップ

微粒子グラニュー糖	20g
水	20g
レモン果汁	20g

グラニュー糖と水を電子レンジで加熱し、グラニュー糖を溶かす。粗熱が取れたらレモン果汁を加える。

下準備

バターは常温でゆるめておく

全卵も常温にして、溶いておく

アーモンドパウダーと薄力粉は、それぞれふるっておく

型にオーブンペーパーを敷いておく

基本の作り方

［材料を混ぜる］

❶

❷

ボウルに入れたバターにグラニュー糖を一度に加え、ゴムベラで混ぜる。

point 泡立てないことで、過度に空気を含ませない。ゴムベラで混ぜていくうちに、自然に空気を抱き込む（P52〜53 検証①参照）。

少量の溶き卵を❶に入れたら、ゴムベラでバターを縦に切るようにし、卵をバターにまぶしていくように細かくする。それ以上切り混ぜられないくらいになったら、ボウルを斜めに置いてゴムベラで円を描くように混ぜてしっかり乳化する。これを繰り返す。

point 混ぜながら乳化したこと（＝重さ）を感じることが大切。乳化した生地には重さがあり、引きがある手応えになる。乳化したかどうかチェックするポイントは、ボウルを斜めに置いたときに生地が滑り落ちるかどうか。一見乳化したように見えても、時間をおくと分離がわかる（P11参照）。

❸

アーモンドパウダーを再度ふるいながら、❷に加えて混ぜる。

point アーモンドパウダーはグルテン（P8参照）が出ないので先に混ぜる。

50

/ バターケーキ（パウンドケーキ）/

［生地を絞る］

❹

薄力粉を再度ふるいながら❸に加える。生地を切るように混ぜる。

point 薄力粉はふるいながら加えると、分散しやすい。

point 最初に切り混ぜてバターや卵の水分を分散させることで、粉が飛びにくくなる。

これ以上切り崩せないくらいになったら、底から生地を持ち上げるようにして、粉気がなくなるまで混ぜる。

❺

絞り袋に入れて、型に絞り入れ、表面を平らにならす。

point 抱き込んでいる空気の量によって、同じ分量でも入るかさは変わる。空気を抱き込みすぎた場合については、P52〜53の検証①参照。

［焼く］

❻

160℃のオーブンで20分、天板の向きを変えて10分程度焼く。トータルで30分焼いても焼き色がついていなければプラス5分程度焼く。

point 真ん中にバターを細く絞ったり、焼いている途中でナイフで切り込みを入れたりすると、そこがきれいに割れて膨らむ。

［シロップを打つ］

❼

刷毛でケーキの底面以外にレモン・シロップを打ち、しみ込ませる。

※レモン・シロップを打ったあと、密閉して、涼しいところで保存する（冬場などの乾燥しやすい時期は、ラップで包み、密閉容器に入れて保存するとよい）。フレッシュな香りが飛ぶので2〜3日以内に食べきる。

検証 ①

Vérification No.1

ゴムベラで混ぜる＆ベーキングパウダーなしで、なぜ膨らむ？

ほどよく空気を抱き込んでいるから

膨らみすぎず、硬くない土台になるバターケーキを作ろうとして試作したとき、泡立てたりベーキングパウダーを入れたりしなくても膨らむことに気がつきました。ではなぜ膨らむのか？ について検証してみました。

作り方の条件は、以下で統一しました。
- 25℃前後のバターに、26～27℃の卵を8回に分けて入れる（溶かしバター以外）。
- 卵を入れきったときの生地の温度は25℃（溶かしバター以外）。
- 160℃のオーブンで30分焼く（検証につき上面に切り目は入れない）。

ゴムベラで混ぜても、ほどよく空気を抱き込むことができます。この"ほどよい"空気量がポイントで、バターの香りを最も楽しめる仕上がりに。

もちろん泡立て器で立てて膨らませることもできますが、空気が多くなると生地が軽くなり、その分バターの風味は弱く感じられるようになってしまいます。

それでは、空気を抱き込む要素がなさそうな溶かしバターで作る場合はどうなるのでしょう。全卵→グラニュー糖→アーモンドパウダー→薄力粉→溶かしバターの順で加えて作ると、他のものより黄色味が強いトロトロの生地ができ上がります。焼いてみると、驚いたことに、控えめではありますが膨らんでいます。でも、食べてみるとふんわりとした軽さはありません。時間が経つとしっとりとした食感になります。

基本の生地も、溶かしバターの生地も、材料の中の水分が水蒸気となって生地を持ち上げているから、膨らんでいると言えます。

では、生地をふんわりさせたいからといって、とにかくたくさん混ぜればいいのかというと、粉が支えきれる以上の空気を抱き込むと腰折れし、しぼんでしまいます。ボソボソとしたカステラのような食感に。空気をたくさん含んでいる分、日が経つと乾燥しやすいのも特徴です。

基本の作り方（P48〜51）通りに
ゴムベラで混ぜて作ったもの

溶かしバターで作ったもの

泡立てすぎて作ったもの

検証 ②

Vérification No.2

ベーキングパウダーは入れなくていいの？

生地の取れ高は変わるが、なくてもちゃんと膨らむ

基本のバターケーキを試作したとき、膨らむ要素であるベーキングパウダーを入れなくても焼き上がりが膨らんだことから、検証しました。

ベーキングパウダーを入れる場合は、下準備で薄力粉と合わせてふるい、生地に加えて作りました。

ベーキングパウダーは、パンや焼き菓子に使われる膨張剤の一種。生地をふんわりさせたいときに使うことが多いのですが、バターの香りをより感じられるよう、基本の作り方では使わずに作りました。

まったく使わずに作ると、一口目は生地感があり、食べていくうちに生地がほどけてバターの香りが広がります。最後にシロップをしみ込ませるので、この生地感の方が、ちょうどよい水分量（食感）に仕上がります。

ではベーキングパウダーを2g（アーモンドパウダーと小麦粉を合わせた粉類の分量の約3％）入れるとどうなるのか。入れないものより、生地感はふんわりとしますが、バターの香りがやや軽くなることに。フルーツなど重いものを入れる場合は、ベーキングパウダーが必要です。4g（粉類の約7％）だと生地がボロボロしてしまい、バターの香りもかなり弱くなります。また、ベーキングパウダーが多いと早くパサっとしてきます。

| 基本の作り方（P48〜51）通りに
ベーキングパウダーなしで作ったもの | ベーキングパウダーを2g（粉類の
分量の約3%）入れて作ったもの | ベーキングパウダーを4g
（粉類の分量の約7%）入れて作ったもの |

検証 ③

Vérification No.3

同じ配合のまま
小麦粉の種類を変えてみると？

生地の食感がふんわりするか、
むっちりするか

普段なにげなく、「お菓子には薄力粉を使う」という意識のままにお菓子を作っていますが、種類を変えてみるとどんな仕上がりになるのか、また、日本の小麦粉はタンパク質の量や用途で種類を分けているのに対し、海外では小麦粉に含まれているマグネシウムやカルシウム、鉄などのミネラル(灰分)で分類されている国もあり、検証してみました。

作り方は、基本の作り方(P48〜51)で統一しました。

基本のレシピでは、薄力粉、その中でもより軽く仕上がる傾向にある「特宝笠」を使用。そうすると、最初は生地感がありつつ、食べているうちにふんわりと生地が広がる食感に仕上がります。また、さらにアーモンドパウダーを加えることで、しっとりさせています。

準強力粉に分類される「フランス」を使うと、むっちりとした、弾力のある仕上がりになります。食べ応えがあり、粉のインパクトを感じます。

小麦粉の種類を変えるだけで、食感や香りにどれほど影響が出るのか、ぜひ作って食べてみてください。

基本の作り方（P48〜51）通りに　　　　　準強力粉（フランス）で
薄力粉（特宝笠）で作ったもの　　　　　　作ったもの

検証 ④

Vérification No.4

同じ配合のまま 砂糖の種類を変えてみると？

生地感や風味が変わる

単純に甘みをつけるだけではない砂糖について、味や生地に与える影響を検証してみました(P9参照)。

作り方は、基本の作り方(P48〜51)で統一しました。

基本のレシピでは、製菓で一般的な微粒子グラニュー糖を使用。クセのない淡白な甘さです。バターの香りを一番に感じてほしいお菓子なので、他の材料の邪魔をしないグラニュー糖が、このレシピには適しています。

上白糖はグラニュー糖よりコクがあり、甘みも強め。また、転化糖(P31参照)を含んでいるため、焦げ色がつきやすく、焼き面が茶色に仕上がっています。食べると、ほんのりカラメルのような香りが感じられます。

カソナードはサトウキビ100％で作られる茶褐色の砂糖。精製されていない粗糖で、砂糖自体にコクがあります。バターケーキに使うと、そのコクと風味が生かされた味わいに。断面も茶色い仕上がりになります。

どれが正しいといったことではなく、どのような仕上がりにしたいのか、好みで選んでみてください。

基本の作り方（P48〜51）通りに 微粒子グラニュー糖で作ったもの　　上白糖で作ったもの　　カソナードで作ったもの

検証 ⑤

Vérification No.5

シロップを打つ意味は？

香りづけ&保湿性&保存性のため

お菓子の焼き上がりに打つシロップについて検証しました。

シロップは、一般的には、シンプルなケーキにフルーツなどの風味をつけるために打ちます。今回は焼き上がり後に「レモン・シロップ」を打つことで、よりレモンの香りを強調させることができます。

もう一つ大切なこととして、保湿性があげられます。

シロップをたっぷりと打つことで、焼き上がり後、乾燥するのを防いでいます。お酒などを使う場合は、その香りが必要な場合もあれば、日持ちをさせたいという理由の場合もあります。今回のようなレモン・シロップはフレッシュなので、長期保存には向きません。

ちなみに、シロップを打つタイミングが焼き上がり後すぐの場合は、よりたくさんの量をしみ込ませたいときです。それほど大量にしみ込ませたくない場合には、粗熱が取れてから打つようにして、タイミングを変えています。

なお、海外の小麦粉は、日本のものと比べてザックリした質感のものが多いので、シロップを打ってしっとりさせる必要があると考えています。

基本の作り方（P48～51）通りにシロップを打ったもの

シロップを打っていないもの

Lesson 04

ジェノワーズ（ショートケーキ）

Pâte à génoise

ジェノワーズ（ショートケーキ）

Pâte à génoise

ショートケーキとして仕上げるための、ジェノワーズ（スポンジ生地）をご紹介。
卵の泡立てに必須と言われる湯せんをなくし、低速で時間をかけて泡立てます。
ハンドミキサーがない時代にもジェノワーズができたのだから、
低速でも泡立てられるのでは？という疑問から、
この方法を試してみると、キメの細かい生地ができ上がったという次第です。
きれいにナッペする方法も大切なポイントです。

材料

15cmのデコ型 1台分

◆ ジェノワーズ

全卵（常温）	120g
微粒子グラニュー糖	55g
トレハロース	10g
薄力粉（バイオレット）	50g
米粉（製菓用）	10g
牛乳	10g
発酵バター	10g
バニラオイル	適量

point トレハロースは天然の糖質で、保水性がある。グラニュー糖の約40％の甘さ。トレハロースを使わない場合は、微粒子グラニュー糖を60gにする。

point 米粉を配合することで、しっとりとした生地になる。米粉を使わない場合は、「特宝笠」60gで全ての粉を置き換える。軽く仕上がる傾向にある。

point 発酵バターで生地に風味を加える（P76〜77 検証④参照）。

下準備

型の底と側面に、わら半紙をセットする

point わら半紙を使うのは、ベーキングシートよりシワになりにくく、適度に水分を含んでくれるので、保存によいため。

グラニュー糖とトレハロースを混ぜておく

薄力粉と米粉は、合わせてふるっておく

基本の作り方

［材料を泡立てる］

❶
ボウルに全卵を入れてよく溶きほぐし、混ぜておいたグラニュー糖とトレハロースを一度に加えてよくなじませる。

❷
ハンドミキサーで全体が泡になるまで中速で泡立てる。

❸
低速にしてゆっくりと泡立てる。ハンドミキサーの位置は固定して、ボウルを回しつつ混ぜる。
point ミキサーを「の」の字を書くように動かすと早く泡立つが、大きな泡ができてキメが粗くなる。一度できた大きな泡はなかなか消えない(P72〜73 検証②参照)。

❹
ミキサーを持ち上げて、筋が書けるくらいまで泡立てる。

［材料を混ぜる］

❺
合わせた粉類を3〜4回に分けて(最初は少なく加え、徐々に多くする)、再度ふるいながら加え、ゴムベラですくうように丁寧に混ぜる。
ボウルを回しつつ、「J」の字を書くように真ん中を通って底からすくったものを、ボウルの端を通ってひっくり返すイメージ。
point 粉は水分を吸いやすいので手早く混ぜる。そのときにボウルを同時に回すことで全体の混ぜ残しがない。

❻
別のボウルに牛乳、バター、バニラオイルを入れ、湯せんで溶かしておく。約50℃にする。
point 50℃は乳化させるのに必要な温度。

/ ジェノワーズ（ショートケーキ）/

［乳化させる］

7

❻のボウルに❺の生地の1/3程度を入れて、ゴムベラを立てて混ぜる。ゴムベラを立てて混ぜることで、上の軽い全卵の生地と、下の油脂が早く混ざる。重い部分が下から上がってきたら、手早く混ぜて乳化させる。

8

❺のボウルに❼を戻し入れて、全体を混ぜる。

point 油脂を合わせてからは、油脂によって泡が消えるので混ぜすぎない。

［型に入れる］

9

point 型に入れるときは、ゴムベラで底に残った生地をこそげる程度にし、生地の重みで落ちていくようにする。

なるべく低い位置から型に流し込み、表面をならす。

色の濃い生地は、泡が消えている部分。そのまま焼くとそこだけが落ち込むことがあるため、表面を軽くゴムベラでなじませる。

［焼く］

10

160℃のオーブンで25分、天板の向きを変えて5分焼く。

［冷ます］

11

型ごと高さ10cm程度から落とし、ショックをかける。すぐに型から出し、ふきんを敷いたケーキクーラーにのせる。ケーキの高さまでわら半紙を縦に裂いていく。

65

⑫  **⑬**

粗熱が取れたら、わら半紙をつけたまま、ふきんごとビニール袋に包み、涼しいところで一晩休ませる。休ませることで生地がしっとりする。

ふきんを当てて、裂いた部分のわら半紙を外に広げ、表面を平らにするため、生地をひっくり返す。そのあとすぐにもう一度ひっくり返してふきんで包み、粗熱を取る。

デコレーション

材料 1台分

◆ ホイップクリーム、いちご

いちご ……………………………… 1パック
生クリーム（乳脂肪分36％）
……………………… 400g（余裕のある分量）
微粒子グラニュー糖 ……………… 32g

下準備

いちごはヘタと表面の汚れを取り、3〜5mmにスライスしておく

生クリームはラップをかけて、ボウルごと冷蔵庫に入れておく

point スタート時は生クリームの温度を5℃前後にしておく（生クリームを泡立てるのに最適な温度）。

/ ジェノワーズ（ショートケーキ） /

［ホイップクリームを作る］

❶

生クリームにグラニュー糖を加えて、氷水に当てつつハンドミキサーで泡立てる。

point 室温の影響も受けるので夏場や暖房には注意が必要。

❷

全部をちょうどよい硬さにしないで、その都度、使いたい硬さに調整してよい状態を保つ。

point 全部をちょうどよい硬さに立ててしまうと、時間が経つにつれて生クリームがボソボソになりやすい。

point ある程度、筋が書けるようになったら、泡立て器に替えて硬さを調整する。目安は泡立て器に絡めてぎりぎり移動できる硬さ（最初に塗る下塗りの生クリームがゆるすぎると、はみ出してくるので、下塗りの硬さに注意する）。

［デコレーションする］

❶

生地からわら半紙をはずし、下から厚さ15mm、10mm、10mmにカットする。

point 水平にカットできるよう、ルーラーを使用する。きれいにナッペするには、慣れないうちは水平にカットできていると楽なため。

point ケーキクラム（切ったときにできるポロポロとした生地）は、はらっておく。生地にはラップをかけて作業中に乾燥しないようにする。

❷

厚さ15mmの生地を回転台に置き、生クリームをのせる。

point 生地にのせる前に、その都度、生クリームを立てて硬さを調整する。

❸

パレットナイフでならす（何度もならすとボソボソしてくる）。

point パレットナイフについた生クリームにはケーキクラムも混ざっているので、その都度、別のボウルでこそげるようにして、パレットナイフをきれいに保つ。

67

❹

カットしたいちごを並べる。

point 完成後にカットしにくいので、中心部分には置かない。

❺

上から生クリームをのせて、パレットナイフでならす。

❻

厚さ10mmの生地をのせて、バットを置いて水平に軽く押し、少しなじませる。

❼

サイドにはみ出た生クリームをパレットナイフで広げて、段がずれていないかを確認しつつ、サイドの下塗りをする。

point 下にたまった生クリームは、その都度、生地と回転台の間にパレットナイフを入れて取り除くようにする(⓫参照)。

❽

2段目、3段目も❷〜❼を繰り返す。

/ ジェノワーズ（ショートケーキ） /

9

一番上にも生クリームをのせて、パレットナイフでならす。

10

生クリームの硬さを調整して、パレットナイフを縦に当て、側面に生クリームをのせていく。回転台を使って一周し、きれいにならす。このとき、角の生クリームが上面の生クリームより上の高さまで来るようにする。

11

上面を平らにならし、角を整える。下にたまった生クリームも取り除く。

12

星口金をセットした絞り袋に生クリームを入れ、外側に一周絞る。中央にいちごをデコレーションする。

point 絞り袋に入れて絞る際は、絞り袋に大量に入れない。手の温度で生クリームの状態が悪くなるため。

※作りたてより、水分がなじんだ半日後〜翌日が食べごろ。
※生クリームが乾燥しないように、密閉容器に入れて、冷蔵庫で翌日まで保存可。

検証 ①

Vérification No.1

卵を湯せんしないで泡立てる場合と、湯せんして泡立てる場合の違いは？

バニラの香りと口溶けのよさに違いが出る

どのレシピを見ても湯せんする作り方がほとんどですが、以前作ったときに泡が粗くなると感じたことがあるので、検証してみました。

湯せんしない基本の作り方(P62〜66)は、以下の通りです。

❶ ハンドミキサーの中速で3分。
❷ ハンドミキサーの低速で15分。
❸ 泡立て終わりの温度は約23℃。

湯せんする場合の作り方は、以下の通りです。

❶ ハンドミキサーの中速で2分。
❷ ハンドミキサーの低速で3分。
❸ 泡立て終わりの温度は25.8℃。

湯せんしないで作る場合は、時間はかかりますが、全体的に細かな気泡が作れていることになります。その分、生地の食感はしっかりとありながらも、ふわっとした口溶けの生地ができ上がります。バニラの香りもしっかりと感じられました。

湯せんにかけて温度を上げると、卵の泡立ちが早くなります。湯せんしたことで卵の表面張力が弱まったため、早く泡立ったと言えます。また、卵の泡立ては乳化する作業に等しいため、温度がある程度上がっていると泡立ちやすくなります。焼き上がった生地はややコシがなく、卵の風味が先に感じられました。

お店などで、一度に大量の生地を仕込む際には有効な方法と言えますが、家庭で少量作る場合は、湯せんをしなくても十分おいしい生地が作れます。

湯せんして作ったもの

基本の作り方（P62〜66）通りに
湯せんしないで作ったもの

検証 ②

Vérification No.2

大きな泡を作らない方法と、泡の大小による仕上がりの違いは？

生地のキメの細かさと食感に大きく影響する

どちらも湯せんしないで作る方法で、統一しました。

泡を作らない基本の作り方(P62〜66)は、以下の通りです。
❶ ハンドミキサーの中速で3分混ぜる。
❷ ハンドミキサーの低速で15分混ぜる。

大きな泡ができる作り方は、以下の通りです。
❶ ハンドミキサーの高速で2分混ぜる。
❷ ハンドミキサーの中速で1分混ぜる。
❸ ハンドミキサーの低速で1分混ぜる。

早く泡立てよう、空気を抱き込ませようとして、高速で泡立てると、大きな泡を先にたくさん作ってしまうことになります。

乳化している強い生地に大きな泡ができると、小さい泡に整えるのは意外と難しく、大きいまま残ってしまいます。

大きな泡ができた生地は、キメがやや粗く、コシの強い生地になってしまいます。食べたときにモコモコとした食感になり、大きな泡で空気を抱き込んでいるからかバニラの香りも弱く感じます。

基本の作り方では高速で泡立てずに、少し中速で混ぜてから、長い時間をかけて低速で泡立てています。このとき、「の」の字を書かないことがポイント(P64 ③参照) こうすることで、時間がかかりますが、大きな泡ができずに、キメの細かい生地ができるのです。

基本の作り方（P62〜66）
通りに作った、泡のない生地

大きな泡のある生地

泡のない生地を焼いたもの

大きな泡のある生地を焼いたもの

検証③

Vérification No.3

小麦粉の量、砂糖の量を半分に減らしてみると？

生地が膨らまなくなり、食感や味にも大きな変化が

軽くしたいからという理由で粉を減らす方がいます。また甘さを控えたお菓子を作りたいからと砂糖を減らす方もいます。しかし、どちらもお菓子を形成する上では欠かせない材料。それらをむやみに減らすとどうなってしまうのか、検証しました。

薄力粉を基本の分量(P63)の半量にした場合、グラニュー糖を基本の分量(P63)の半量にした場合で作り分けました。

※薄力粉を半量にした場合、薄力粉25g、米粉5gにしています。
※グラニュー糖を半量にした場合、グラニュー糖27.5g、トレハロース5gにしています。
※油脂の量は基本の作り方(P63)で統一。

作り方は、以下で統一しました。
❶ 卵の泡立ては、ハンドミキサーの中速で3分→低速で15分。
❷ 粉類を入れてからは30回混ぜ合わせる。
❸ 油脂を加えた生地は、元の生地に戻したのち5回混ぜる。

小麦粉に含まれるグルテンは、お菓子の骨格を形成する大切な要素(P8参照)。大幅に減らすことによって、一時は他のものより高く膨らんでも、冷めるとしぼんでシワシワになってしまいます。焼き上がりの印象も、持ったときに軽くて頼りなく感じます。味もふわっと軽く、コクのない印象。

砂糖には卵の泡立ち(気泡)を安定させる役割があります(P9参照)。そのため、検証した際には同じ時間泡立てていてもほとんどボリュームが出ず、どんどん泡が消えていく印象でした。大幅に減らすと、粉っぽさの強いボソッとした食感に。また、生地をしっとりとさせる役割も担っているため、減らしたことで口溶けも悪くなってしまいます。

基本の作り方 (P62〜66)
通りの配合で作ったもの

小麦粉の分量を、
基本の半量にして作ったもの

砂糖の分量を、
基本の半量にして作ったもの

検証 ④

Vérification No.4

同じ配合のまま油脂の種類を変えてみると？

生地の軽さやしっとり感が大きく違う！

P74〜75の検証③によって、小麦粉や砂糖の量をむやみに減らすと、ちゃんとおいしい生地にするのは難しいことがわかりました。では、自分の好みのジェノワーズを焼きたい場合、レシピのどの部分を変えると生地感が変わってくるのかを考えて、油脂について検証しました。

基本の作り方のバター＋牛乳を、それぞれ同量の太白ごま油、生クリーム（乳脂肪分36％）に替えて比較しました。

作り方は、以下で統一しました。
❶ 卵の泡立ては、ハンドミキサーの中速で3分→低速で15分。
❷ 粉類を入れてからは30回混ぜ合わせる。
❸ 油脂を加えた生地は、元の生地に戻したのち5回混ぜる。

基本の生地は、最初に噛んだときの食感はむっちりとしつつも、ふんわりとして口溶けがよいのが特徴です。

太白ごま油に替えると、より食感が軽くなり、シフォンケーキのよう。ふわふわ感が増します。無味無臭の油なので、香りに影響はなく、バニラの香りも感じられます。

生クリームに替えると、よりしっとりとした生地になります。ふわっと口の中で溶けて、後味のよさが際立ちます。ややリッチなおいしい生地と言えます。

ジェノワーズにおいて加える油脂については、それほど厳密な縛りはありません。けれど、冷やすと固まるもの（バター）などを、冷やして保存する生地（ロールケーキなど）に使うと、硬くなるという考えのシェフも多くいます。

そういう意味では、無味無臭の太白ごま油、グレープシードオイルなどを使うことも選択肢の一つです。バターで作るよりも軽くなります。

また、生クリームを使った生地はやわらかく仕上がります。デコレーションに使う生クリームの乳脂肪分が36％の場合は、生地に生クリームの水分が移行しやすく、やわらかくなりすぎてポロっと崩れてしまう可能性があります。生地をどのように仕上げて、どのようなクリームを合わせるかを考えて、レシピを組み立てる必要があります。

生クリームで作ったもの

太白ごま油で作ったもの

基本の作り方（P62～66）通り
バターと牛乳で作ったもの

検証⑤

Vérification No.5

ムースなどの土台にする場合の生地は？

配合を変えて、ややしっかりとした生地に

P76〜77の検証④では、油脂を生クリームに替えた生地は生地としておいしいけれど、組み立てる際の水分の移行を考えるべきだということを書きました。それでは、ムースなどの土台として考えた場合のジェノワーズの配合はどのようなものがよいのでしょう。

基本のジェノワーズはショートケーキにすることを前提にしているため、生地自体をややしっとりと仕上げています。また、デコレーションに使う生クリームが乳脂肪分36％で、生地に水分が移りやすいためシロップを打ちません。

土台用の生地は、卵黄を多くし、ややしっかりとした食感に。それは、土台とムースをなじませるためにシロップを打ったり、ムースから水分が移行したりすることを前提としているから。最終的にどのようなお菓子に仕上げるのかを考え、選択するとよいでしょう。

◆ 底生地用のジェノワーズ

材料 直径15cm×高さ5cmのセルクル 2台分

- 全卵……………………………… 100g
- 卵黄……………………………… 20g
- 微粒子グラニュー糖…………… 60g
- バニラオイル…………………… 適量
- バター………………… 25g（風味を加える）
- 生クリーム…………… 10g（風味を加える）
- 準強力粉（フランス）…………… 45g
- （粉の風味、やわらかすぎない生地感のため）

point 卵黄を加えたジェノワーズ。全卵だけの生地に比べ、ややしっかりした生地感がある。

作り方

ジェノワーズの基本の作り方（P62〜66）と同じ。
天板にベーキングシートを敷き、セルクルを置く。セルクルには、油脂は塗らない。

※セルクルに2等分して入れ、160℃で20分、天板の向きを変えて3分焼く。
※生地を1台に流した場合は、160℃で25分、天板の向きを変えて5分焼く。
※焼き上がったら高さ10cm程度から落として、セルクルに入れたままラップで包み、一晩休ませる。

column 3

レッスンについて

自宅やスタジオなどで行っているお菓子作りのレッスン。
どのようなことを考え、生徒さんに伝えているのか、
心がけていることなどについてお話しします。

　一番最初のレッスンは10年くらい前。友人に頼まれて始めました。最初は少ない人数でしたが、口コミで広まり、今では多くの方に受けていただいています。きっとその理由は「マニアックさ」があるからだと思っています。

　私がレッスンを受けていたときは、数字と手順しか教えてもらえなかった…。だから、「なぜそうするのか」という疑問を解消するために、製菓学校で理論や、プロのパティシエによるレッスンを受けて技術を学びました。そうするうちにお店のお菓子と家庭で作るお菓子は、分野が違うと思い至り、ひたすら作るように。作り続けることで自分自身が疑問に思ったことを解決し、レッスンでも教えていったという感じです。

　単純に作り方だけ教えるよりは、「この粉は○○だから、△△になる」など、理由や理屈を教えるようになっていきました。一通り作れるようになった人が、次のステップに進むための情報として伝えています。

　多くのプロの料理家さんにも来ていただいていますが、それは「アレンジをしたい、先に進みたい」という思いが強いからだと思っています。失敗するポイントも自分なりに考え、伝えられるようにします。

　なぜこれを使うのか？　なぜこの分量なのか？　なぜこの手順なのか？　そういったことがきちんとわかることを目指して、レッスンをしています。

　なるべく知識を得て、人が疑問に思ったことに答えられるようにしたいので、私自身もお菓子を作り続けています。そして、勉強し続けることで、生徒さんの期待に応えられるレッスンができるのだと思っています。

Lesson 05

パート・サブレ
（キャラメルナッツのタルト）

Pâte sablée

パート・サブレ（キャラメルナッツのタルト）

Pâte sablée

パート＝生地、サブレ＝砂、という意味のタルト生地。
生地はフードプロセッサーで簡単に作ることができます。
ポイントは生地がダレないように、バターを冷たくしておくこと。
シンプルですが、キャラメルの焦がし方で味が変わってくるお菓子です。
しっかりめに焦がして甘すぎないように仕上げましょう。
アパレイユを楽に型に入れる方法も、レッスンではとても人気です。

材料

直径16cmの底取れ菊タルト型　1台分

◆ タルト生地

アーモンドパウダー	45g
粉糖（オリゴ糖入り）	45g
準強力粉（フランス）	100g
発酵バター	60g
全卵	20g

下準備

アーモンドパウダー、粉糖、準強力粉は、合わせてふるい、1時間ほど冷凍庫で冷やしておく

全卵は溶いて冷やしておく

オーブンシートの上に型を置く

point 底取れ型のセルクル板は使わないで底の穴はあいた状態で焼く。真ん中まで火が通りやすい。

バターは1cm角にカットして冷蔵しておく（カットした際にゆるむので、カットしてから再び冷蔵する）

point バターが冷たすぎる、または粉を冷やしすぎると、混ぜ合わせたときにバターの粒が残ったままになる。

> 基本の作り方

［材料を混ぜる］

❶

スタンドミキサー（なければフードプロセッサーでも可）に、合わせた粉類を入れて軽くひと混ぜする。

point 粉が飛び散る場合はスタンドミキサーをラップで覆うとよい。

❷

バターを入れて回し、バターの粒がなくなるまで撹拌する。

全体の見た目が、アーモンドパウダーのように、しっとりとやや黄色くなる。

［生地を休ませる］

❸

溶いた卵を一度に入れて撹拌し、全体が軽くまとまったら取り出す。

point ひとかたまりになる前にストップしないと、フードプロセッサーの場合モーターに負荷がかかる。

❹

上(120g)と下(150g)の生地に分け、丸めてから平たくしてラップで包み、半日〜一晩冷蔵して休ませる。

※生地はしっかりとラップで包み、2週間ほど冷凍保存可。冷蔵庫で解凍して使う。

［伸ばす］

❺

それぞれの生地をラップで挟み、ルーラーを使って麺棒で3mmの厚さに伸ばす。その際は、こまめにラップを剥がす（ひっつくと伸びないため）。生地を回転させながら、常に自分の手前で伸ばす。半分より向こうに伸ばさず、回転させながら伸ばすことで、均等な円形に伸びる。生地の端から麺棒を落としてしまうと、端が薄くなってしまうので気をつける。

point 成形前に、バットなどを冷凍しておくと便利。生地がダレたときにのせて冷やせば、生地が締まるので扱いやすくなる。

/ パート・サブレ（キャラメルナッツのタルト） /

［型に敷き込む］

❻

point 敷き込みの硬さも重要。硬すぎると割れるので注意。
point オーブンシート（何度も使えるタイプ）の上で敷き込み、焼成ではシルパン（P28参照）を使用。

150gの生地の上面にラップをつけて、巻き込まないように気をつけながら敷き込む。ラップをすることで打ち粉が不要になり、表面をならす際に指の滑りがよく、扱いやすくなる上、生地の強度が保てて扱いやすい。
120gの生地はあとで使うので、ラップで包み、冷蔵庫に入れておく。

❼

生地全体を持ち上げて、少ししなる感じの硬さで敷き込みを始める。真ん中を先に着地させてから、すぐに生地全体を立ち上げる（型のフチで生地が切れるのを防ぐため）。

❽

生地全体を立ち上げたら、型の底の角に密着するように、生地を折るようにして入れ込む（押しつけると、指の跡がついて生地が薄くなることがある）。

❾

底の角に生地が入ったら、立ち上げていた生地全体を広げる。

❿

型のフチに対して生地を内側に少したわませて、ラップの上から麺棒を転がして余分な生地を切り落とす。

切り落とした生地を取り除き、全体を整える。

85

⓫

サイドをまずきちんと貼りつける。ラップをして形を整えると滑りがよい。親指で、生地がはみ出さないように押さえつつ、サイドを押しつける。このときに生地がゆるんでしまったら冷蔵してから整える。

⓬

一周したら、オーブンシートから移動できるくらいの硬さになるまで、ラップをしたまま冷蔵する。

キャラメルナッツのアパレイユ

材料

直径14㎝のタルトリング 1台分

◆ キャラメルナッツ

ヘーゼルナッツ	50g
アーモンド	30g
くるみ	35g
はちみつ	10g
みずあめ	20g
微粒子グラニュー糖	80g
牛乳	15g
生クリーム（乳脂肪分36％）	40g
発酵バター	20g

point はちみつだけだと少しくどくなるので、みずあめを入れる。

point 牛乳を使うことで、生クリームのみより少しキャラメルの味が軽くなる。

◆ 仕上げ用の照り卵

全卵（溶いて漉す）	適量
トラブリ（濃縮コーヒーエキス）	適量

（インスタントコーヒーを同量の湯で溶いても可）

point トラブリを混ぜると焼き色を濃くつけることができる。

下準備

ナッツ類は150℃のオーブンで、5分程度から焼きしておく。ヘーゼルナッツは半分〜1/4にカットし、くるみは手で砕き、アーモンドも同じくらいの大きさにカットする。温かい状態でおいておく

牛乳と生クリームは、合わせて電子レンジで温めておく

point 温度が低いとキャラメルが固まってしまう。また、キャラメルに入れたとき、温度差で激しく噴き上がるのを防ぐため。

バットに14㎝のタルトリングを置き、オーブンペーパーを敷く（切れ目は入れない）

/ パート・サブレ（キャラメルナッツのタルト） /

［キャラメルを作る］

❶

point キャラメルにする際、ゴムベラで混ぜないこと。少量なのでヘラについて量が減ってしまう。泡が立っているところが温度が上がっている部分なので、そこをめがけてグラニュー糖を入れる。

鍋にはちみつ、みずあめを入れて火にかけ、泡が立ってきたら、そこにグラニュー糖を一度に加える。

❷

鍋を傾けて回しながら、全体を溶かす。

❸

キャラメルがしっかり色づいたら火を止め、牛乳と生クリームを一度に加え（噴き上がるので火傷に注意する）、しっかりと混ぜる。

❹

バターを加えて再び加熱する。再度沸騰したら鍋底を冷水に一瞬つけて温度が上がるのを止める。

point 煮詰めが甘いとややゆるくなる。

［ナッツに絡める］

❺

キャラメルが温かいうちに、ナッツ類を加えて絡める。

point ナッツが温かいと絡まりやすい。

［粗熱を取る］

❻

オーブンペーパーを敷いたタルトリングに流し入れ、広げてならし、粗熱を取る。

point 一回り小さいタルトリングの中で円形を作ることで、アパレイユの扱いが楽になる。

※前日に作っておくことは可能だが、冷蔵庫で保存すると硬くなり、型に入れる際になじみにくくなる。

［生地にアパレイユを入れる］

❶
❷

❶ 生地をシルパンの上に置く。

❷ アパレイユの粗熱が取れたら、型に入れる大きさに指で整え、型に詰める。

point 下に押すとタルト生地が傷むので、横に広げていく。

［生地をかぶせる］

❸
❹

❸ 仕上げ用の照り卵（全卵）を刷毛で塗り、伸ばした120gの生地を上にかぶせる。

❹ はみ出した生地は指で押さえて切り落として密着させる。フチの生地は指で押さえて、少しくぼませておく。

照り卵を刷毛で塗り、表面が乾くまで冷蔵庫で乾燥させる。

point 焼いたときにフチの生地が盛り上がりやすいので、押さえておくときれいに仕上がる。

❺

❹で残った照り卵にトラブリを加えて混ぜ、表面に再度塗る。

/ パート・サブレ（キャラメルナッツのタルト）/

［模様をつける］

6

照り卵が乾かないうちに模様をつける。竹串で中心を決め、フォークなどで線描きをして、空気穴を開ける。

point フォークはその都度、ペーパーで拭き取るときれいに模様が描ける。

［焼く］

7

160℃のオーブンで25分、天板の向きを変えて10分程度焼く。

8

粗熱が取れてから型からはずす。

※密閉容器に入れて、涼しいところで、3〜4日保存可。

検証 ①

Vérification No.1

冷たいバターで作る場合と、ゆるめたバターで作る場合の違いは？

生地がダレて扱いづらくなり、食感に差も

P18〜19のサブレの検証①でわかったように、同じ配合でゆるめたバターで作った生地は、扱いにくいのでは？と思い、検証しました。

バター以外の条件は、基本の作り方(P82〜84)で統一しました。

冷たいバターで作ると、焼く前の生地はカッチリとしていて、生地の形が保てるので、食感もザクっとします。

ゆるめたバターで作った生地は、すぐにダレる傾向があるので、敷き込みにスピードが必要です。扱いづらいと厚さがまばらになったり、生地が切れてしまったりすることも。
食感はサクッと軽い仕上がりに。

今回のキャラメルナッツのような濃厚なアパレイユは、しっかりとした生地と相性がよいので、冷やしたバターの生地がよく合います。

バターの温度一つが、でき上がる生地にどれほど影響するのか、ぜひ作り比べて体感してみてください。

基本の作り方（P82〜84）通りに　　　　　　　ゆるめたバターで生地を作ったもの
冷たいバターで作ったもの

室温で30分おいたもの

検証 ②

Vérification No.2

同じ配合のまま
小麦粉の種類を変えてみると?

粉の風味が変わり、
食感も変わる

パート・サブレの生地を準強力粉で作っていますが、一般的な薄力粉で作るとどうなるのか検証しました。

作り方は、基本の作り方(P82〜84)で統一し、10mmの厚さで焼いて比較しました。

小麦粉は生地を支える土台となるもの。そして、その土台の持つ力は、粉に含まれるタンパク質の量とグルテンの質によって決まります(P8参照)。

「フランス」はタンパク質の量が12％で準強力粉に分類されます。ザックリ、しっかりとした食感で、これだけで食べても食べ応えが感じられます。濃厚なアパレイユに負けない食感です。

「バイオレット」はタンパク質の量が7.8％で、薄力粉に分類されます。一口目がサックリと軽い印象。

どちらが正しいといったことではなく、どのような仕上がりにしたいのか、アパレイユとの相性もふまえて、選んでみてください。

基本の作り方（P82〜84）通りに
準強力粉（フランス）で作ったもの

薄力粉（バイオレット）で
作ったもの

検証 ③

Vérification No.3

アパレイユに応じて
生地の配合を変えてみると？

∨

生地の配合を変えた、
チーズのタルトをご紹介

クリームチーズを使ったアパレイユに、フランボワーズのジャムを合わせて、濃厚ながらもさわやかな味わいにしました。ゆるめのアパレイユに応じて、生地のアーモンドパウダーを減らし、準強力粉の量を増やしています。

チーズのタルト

材料

◆ タルト生地
直径16cmの底取れ菊タルト型 1台分

アーモンドパウダー	25g
粉糖 (オリゴ糖入り)	45g
準強力粉 (フランス)	120g
発酵バター	60g
全卵	20g

◆ チーズのアパレイユ
直径16cmの底取れ菊タルト型 1台分

クリームチーズ	100g
微粒子グラニュー糖	30g
全卵	40g
生クリーム (乳脂肪分36％)	80g
牛乳	30g
レモン果汁	20g
レモンの皮	1/2個分
薄力粉 (バイオレット)	8g

下準備

クリームチーズを室温に戻しておく

◆ フランボワーズのジャム
適量を使用する

フランボワーズピュレ	125g
(ラ・フルティエール 10％加糖)	
レモン果汁	8g
ペクチン (ジャム用)	5g
微粒子グラニュー糖	50g

作り方

タルト生地を作り、型に敷き込む(P82〜86と同じ)。

❹では、135gずつに分けてラップで包み、冷蔵して休ませる。1台に135gを使う。

※残った生地は、しっかりとラップで包み、2週間ほど冷凍保存可。

1　クリームチーズにグラニュー糖を一度に加える。

2　全卵を加えて混ぜ、なめらかにする。生クリームと牛乳を加えてさらに混ぜ、なめらかにする。

3　レモン果汁を入れて混ぜる(レモンを加えると締まる)。薄力粉を加えてダマのないように混ぜる。

4　3を漉して、レモンの皮を加える。

5　敷き込みをしたタルト生地をシルパンに移動する。

6　4を流し入れる。フランボワーズのジャムを所々に絞って、表面に出すぎないようになじませる(表面に出すぎると、焼いたときに噴き上がってきてきれいに見えない)。

7　160℃のオーブンで20分、天板の向きを変えて5分程度焼く。

※完成したタルトは冷蔵庫で保存する。翌日までに食べきる。

鍋にピュレ、レモン果汁を入れて温める。ペクチンと合わせたグラニュー糖を、泡立て器で混ぜつつ鍋に加えて煮詰める。冷めたら絞り袋に入れておく。

※密閉して、1週間ほど冷蔵保存可。

column 4

おいしさを保つ方法について

誰かのためにお菓子を作る方も多いと思います。
時間が経っても「おいしい」をキープして、お渡ししたいもの。
私が行っている持ち運び方や保存についてご紹介します。

シュークリームは
生地とクリームを分けて

　シュークリームを手みやげにするときは、生地とクリームを別々にします。食べる直前にクリームを絞ることが、生地感がしっかり残り、おいしく食べられるポイントです。
　生地は密閉容器に入れ、クリームを入れた絞り袋Ⓐ、口金をセットした絞り袋Ⓑを持っていきます。Ⓑの先端をカットして口金を出し、先端を切ったⒶを入れると、その場ですぐに絞り出すことができます。

きれいな状態を
保つために個別包装を

　フィナンシェのようにバターを多く使うお菓子は、時間が経つにつれ、表面がしっとりしてきます。くっついてしまうことがあるため、シーラーなどを使って個別に包装しましょう。
　他にも、厚焼きバターサブレやレーズンサンド、ダックワーズも、贈る際は、同様に個別包装するとよいでしょう。

Lesson 06

パイ
（フラン・ナチュール）

Pie

パイ（フラン・ナチュール）

Pie

バターを練りこんだ生地に、カスタードのようなアパレイユ・フラン。
パリで食べて感激した味を再現しました。気軽なおやつのイメージで、
マルシェなどでもカットして売っているところが多いお菓子です。
素材のよさが生きるので、ぜひおいしい卵とバターを使って作ってください。
生地に卵黄を入れることで、少しリッチな味わいに。
アパレイユは牛乳と生クリームを使ってコクを出しています。

材料

直径15cm×高さ3cmのセルクル 1台分

◆ ブリゼ生地

準強力粉（フランス）	125g
塩	2g
微粒子グラニュー糖	5g
発酵バター	75g
卵黄	10g
牛乳	20g

※卵黄と牛乳は合わせて溶いておく。

◆ 生地用の溶き卵

全卵（溶いて漉しておく） ……… 適量

下準備

準強力粉、グラニュー糖、塩は、合わせて冷凍庫で冷やしておく

バターは1cm角にカットし、冷蔵庫で冷やしておく

基本の作り方

［材料を混ぜる］

❶

フードプロセッサーに、冷やしておいた粉類、バターを入れて、全体が黄色っぽくなりバターの粒が見えなくなるまで攪拌する。

❷

合わせて溶いた卵黄と牛乳を、攪拌しているところに入れて、そぼろ状になるまで回す。

［生地を休ませる］

❸

ラップに取り出し、あとでひび割れないようしっかりひとまとめにする。平らにして冷蔵庫で一晩休ませる。休ませることで扱いやすくなる。

※生地はしっかりとラップで包み、1週間ほど冷凍保存可。冷蔵庫で解凍して使う。

［伸ばす］

❹

冷蔵庫から出して、ルーラーを使って麺棒で2〜3mmの厚さに伸ばす。冷蔵庫で30分程度、敷き込みにちょうどよい硬さ(持ち上げると少したわむくらい)になるまで休ませる。

point 生地を回転させながら、常に自分の手前で伸ばす。半分より向こうに伸ばさず、回転させながら伸ばすことで、均等な円形に伸びる。

point 生地がダレるときは冷凍庫に入れておいた天板にのせて伸ばしてもよいし、ときおり冷蔵庫で休ませてもよい。

［型に敷き込む］

❺

オーブンシートにバター(分量外)を塗ったセルクルを置き、生地を敷き込む。生地全体を持ち上げて、少ししなる感じの硬さで敷き込みを始める。真ん中を先に着地させてから、すぐに生地全体を立ち上げる(型のフチで生地が切れるのを防ぐため)。

❻

生地全体を立ち上げたら、型の底の角に密着するように、生地を折るようにして入れ込む(押しつけると、指の跡がついて生地が薄くなることがある)。

/ パイ（フラン・ナチュール） /

❼

底の角に生地が入ったら、立ち上げていた生地全体を広げる。

❽

ラップをのせ、麺棒を転がして余分な生地を切り落としたら、側面の生地を密着させる。移動できるくらいの硬さになるまで、冷蔵庫で休ませる。

❾

シルパン（P28参照）に移動して、フォークでピケをする。

❿

オーブンペーパーを型の高さちょうどにして、ハサミで切り込みを入れて敷き込む。

point オーブンペーパーはちょうどの高さにすることでシワの跡が目立たず、エッジがきれいに出る。

［焼く］

⓫

タルトストーンをのせて、180℃のオーブンで12分程度、天板の向きを変えて8分程度焼く。

⓬

タルトストーン（スプーンを使って取り出す）とオーブンペーパーを取って、生地用の溶き卵を刷毛で塗り、さらに180℃で5〜10分程度焼く。

101

アパレイユ・フラン

材料

直径15cm×高さ3cmのセルクル 1台分

◆ アパレイユ

薄力粉 (バイオレット)............ 9g
微粒子グラニュー糖............ 65g
コーンスターチ............ 9g

卵黄............ 75g
牛乳............ 220g
生クリーム (乳脂肪分36%)............ 50g

point 濃いめに仕上げたい場合は、牛乳を200g、生クリームを70gにする。

◆ 仕上げ用の照り卵

全卵 (溶いて漉しておく)............ 適量

[材料を混ぜる]

❶

ボウルに薄力粉、グラニュー糖、コーンスターチを入れ、合わせる。

point 卵黄のかたまりができにくい独自の混ぜ方。

❷

牛乳の一部を取り、❶のボウルに入れて泡立て器で混ぜ合わせる。

❸

卵黄を入れて混ぜる。

❹

別の容器で、残りの牛乳と生クリームを合わせて、電子レンジなどでしっかり湯気が出るまで温め、❸に加えて混ぜる。

/ パイ（フラン・ナチュール）/

［煮上げる］

❺

漉しながら鍋に入れ、泡立て器で混ぜながら強火で煮る。

❻

全体がふつふつとして、鍋肌からアパレイユが自然に剥がれるようになったら完成。

［生地にアパレイユを入れる］

❼

焼き上がった生地に、できたての❻のアパレイユをすぐに入れて表面をならす。

❽

表面が乾くまで5分ほど待って、膜が張ったら、仕上げ用の照り卵を刷毛で塗る。

point 卵を塗ることで、表面に焼き色がつきやすくなる。

［焼く］

❾

170℃のオーブンで15分程度焼く。焼き色を見て追加で5〜10分焼く。

point 側面に焼き色がつきにくい場合は、途中でセルクルをはずしてもよい。

※密閉容器に入れ、涼しいところで、1〜2日保存可。なるべく早く食べきる。

検証 ①

Vérification No.1

同じ配合のまま
小麦粉の種類を変えてみると？

しっかりとした風味と食感か、
サックリ食感とやや軽い風味か

ブリゼ生地もレシピによっていろいろな配合があり、使う粉もさまざまです。粉の質により水分の吸収率が異なります。使う粉によって生じる違いについて検証してみました(P8参照)。

作り方は、基本の作り方(P98〜100)で統一しました。

準強力粉に分類される「フランス」を使うと、やや目の詰まった噛み応えのある食感になります。また、生地単体での風味も強くなります。

薄力粉を代表する「バイオレット」を使ったものは、口に入れると、ほろほろとしてサックリと軽い口当たり。風味もややあっさりとしています。

どちらが正しいといったことではなく、どのような仕上がりにしたいのか、アパレイユとの相性を考えて、選んでみてください。

基本の作り方(P98〜100)通りに
準強力粉(フランス)で作ったもの　　　薄力粉(バイオレット)で作ったもの

検証 ②

Vérification No.2

同じ配合のまま
バターの種類を変えてみると？

バター自体の豊かな風味が
ダイレクトに感じられる

シンプルな材料でできるブリゼ生地。バターの種類を変えると、より味の違いが出るのではないかと思い、検証してみました。

作り方は、基本の作り方(P98〜101)で統一しました。

基本の配合はバターが占める割合が多いため、バターそのものの風味や香りがダイレクトに感じられます。

そのため風味の強い発酵バターを使うと、豊かな香りが感じられて、生地そのもののおいしさが格上げされたような印象です。

非発酵バターで作ったものは、やや風味がやわらかくなりますが、もちろん十分おいしい生地になります。

海外のバターを使う場合は水分量が異なる場合があり、水分量の調整が必要になることがあります。

基本の作り方（P98〜101）通りに
発酵バターで作ったもの

非発酵バターで作ったもの

107

検証 ③

Vérification No.3

生地の卵黄を全卵に、牛乳を水に替えてみると？

リッチなアパレイユに合うしっかりとして、卵の風味濃厚な生地に

ブリゼ生地をまとめる水分を変えてみると、どのような違いが出るのか検証してみました。

ブリゼ生地の作り方は水分を水だけで作る場合、牛乳に替える場合など、さまざまな配合があります。

今回ご紹介するのは、卵液にたっぷりのチーズ、ベーコン、炒め玉ねぎが入るキッシュ。半分以下の重さになるまで、じっくりと炒めた玉ねぎは、とても甘く、キッシュをより味わい深いものにしています。

生クリームとチーズの入ったリッチなアパレイユに負けない、しっかりとした生地感と卵の風味が濃厚な生地にしました。

アパレイユを2回に分けて入れるのは、一度に入れるとあふれやすいから。表面に膜ができるまで焼いてから中央に穴を開けて注ぐと、こぼれる心配もなく、たっぷりアパレイユを加えることができます。

キッシュ

材料

直径15cm×高さ3cmのタルトリング 1台分

◆ ブリゼ生地

準強力粉 (フランス) ………… 100g
発酵バター ………………………… 45g
塩 …………………………………… 1.2g
全卵 ………………………………… 20g
水 …………………………………… 15g

下準備

準強力粉、塩は合わせて冷凍庫で冷やしておく

◆ ガルニチュール

玉ねぎ ……………………………… 350g
太白ごま油 …………………… 大さじ2
ブロックベーコン ………………… 50g
コンテチーズ (角切り) …………… 40g

◆ アパレイユ

全卵 ………………………………… 50g
卵黄 ………………………………… 20g
生クリーム (乳脂肪分36%) 120g
牛乳 ………………………………… 80g
コンテチーズ (すりおろし) …… 25g
塩 …………………………………… 1.5g
黒こしょう、
　　カイエンペッパー、
　　ナツメグ ………………… 各適量

◆ 生地用の溶き卵

全卵 (溶いて漉しておく) ……… 適量

※玉ねぎは太白ごま油で125gになるまでじっくり炒め、ふたをして蒸し煮にする。焦がしすぎない。
※ベーコンは棒状にカットして、油少々(分量外)をひいたフライパンで炒めておく。

作り方

1. アパレイユはコンテチーズ以外の材料を混ぜて、一度漉しておく。漉してからコンテチーズを合わせる。

2. ブリゼ生地を作り、敷き込みをする。オーブンペーパーを敷いてタルトストーンをのせる(P98〜101と同じ)。

3. 180℃のオーブンで15分程度、天板の向きを変えて10分程度焼き、タルトストーンとオーブンペーパーを取り出す。生地用の溶き卵を塗る。

4. 炒めた玉ねぎ、角切りのコンテチーズ、ベーコンを入れて、**1**のアパレイユを2/3量程度流し入れる。160℃のオーブンで10分焼く。

5. 中心部分の表面に小さな穴を開けて、残りのアパレイユを流し入れ、さらに10分焼く。トータルで35分程度焼く。アパレイユは少し余る量。

※アパレイユが余ったら、蒸したじゃがいも(スライス)を耐熱容器に並べ、アパレイユを注ぎ、オーブンで焼くとグラタン風に。

column 5

フランスについて

お菓子が大好きな私にとって、やはりフランスは特別な場所。
最初に行ったときの意外な理由から、現地で感じたこと、
そして、その経験をどのように生かしているのか、お伝えします。

　今でも1〜2年に1回パリへ行き、セミプロ〜一般家庭向けの教室に参加しています。「何か新しいことを得られれば」という思いからです。実は、最初にフランスへ行ったのは、あまり日本のフランス菓子が口に合わなかったという理由から…だからこそ、本場のものを食べてみようと。そのとき、世界中のプロが通う製菓学校でレッスンを受けました。

　本場のレシピそのものを学んだこともちろんですが、私にとって大きな発見だったのは、卵の性質が全然違うことや、乳製品や果物が日本より断然おいしいこと、粉の粗さなど、素材そのものが日本とは全然違うこと。また、日本人の方が細かいところまで気を遣う傾向にあるということも感じました。

　「フランスのレシピを日本でそのまま使うのは無理があり、どんなシェフも切磋琢磨しているのだな」と、腑に落ちたことを覚えています。そしてこの体験は、私自身の「レシピを読む」ということに大きく繋がっています。

　私は、組み立てを参考にすることはありますが、フランスのレシピをそのまま使いません。フランスと材料が違いすぎたり、日本の方が材料の選択肢が多かったりするからです。例えば、フランスで食べておいしかったフラン・ナチュールは日本では薄力粉だと弱いので、準強力粉を使うなどして合わせています。このようにレシピを工夫するということを、フランスでの体験から学んだと言えるかもしれません。

　現在では、フランス菓子の枠にとらわれず、自分らしいお菓子を作っています。

Lesson 07

シュー・ア・ラ・クレーム

Choux à la crème

シュー・ア・クレーム

Choux à la crème

カスタードと生クリームを合わせて濃厚に。
バニラ香るとろりとしたクリームに合うよう、
生地もしっかりとした食感になるよう仕上げています。
きれいな空洞のあるシュー皮を焼くには、卵の加え方が大きなポイント。
クリームと皮を別々で持参して、
その場でクリームを詰めて食べていただくのがとても人気です。

材料

直径45mm 16個分

◆ シュー生地

牛乳 (常温)	160g
発酵バター	60g
塩	2g
微粒子グラニュー糖	4g
準強力粉 (フランス)	90g
全卵	目安145g

（沸騰のさせ方で少し違ってくるので目安）

point 準強力粉を使うことで生地感が出る。

point 材料は常温にしておく。水分（牛乳）が冷たいと沸騰に時間がかかる。また水分が沸騰したときに冷たいバターだと溶け残りがあり、長く沸騰させないと溶けなくなってしまう＝水分が減ってしまう（P120〜121 検証①参照）。

◆ 生地用の溶き卵

全卵 (溶いて漉しておく) ……… 適量

◆ 飾り用

アーモンドダイス ……… 適量

下準備

バターは1cm角にカットし、冷たくない状態にしておく

卵は常温に置いておく。もしくは濡らして、電子レンジなどで温めたふきんの上に置いて冷たくない温度にする

point 卵が冷たいと生地が冷めてしまい、絞りにくくなる。

紙に直径45mmの円を書き、オーブンシートの下に敷いておく

準強力粉はふるっておく

point 牛乳に一度に加えるので粉がダマになりやすいため、あらかじめふるっておく。

113

> 基本の作り方

［材料を加熱しながら混ぜる］

❶

厚手の鍋に牛乳、バター、塩、グラニュー糖を入れて、鍋の底からはみ出さない程度の火にかけ、軽く混ぜながら中心まで沸騰させる。

point 鍋が薄いものだと火の当たりが強くて焦げてしまう。加熱したとき、鍋底に膜ができたのがわかりにくいので、フッ素樹脂加工以外のものを使う。

point 一度に作る量が少ないので混ぜすぎると水分が飛びすぎる。バターのかたまりをほぐす程度でOK。

point 沸騰と同時にバターが溶けているのがベスト。

❷

火を止めて、準強力粉を一度に加えてゴムベラで手早く混ぜる。

point コロンとしたひとかたまりになるまで混ぜる。ならないときは①の沸騰が足りない。

❸

ひとかたまりになったらもう一度火をつける。

［生地を仕上げる］

❹

鍋の底に薄く膜ができるまで加熱する。

point ①でちゃんと沸騰していたらごく短時間で膜ができる。ここで加熱しすぎると、油がしみ出してそのあとうまくいかない。

❺

火を止めてボウルに移しかえる。

/ シュー・ア・ラ・クレーム /

❻

溶いた全卵の半量程度を一度に❺のボウルに入れる。ゴムベラで生地を縦に切るようにし、卵を生地にまぶしていくように細かくする。それ以上切り混ぜられないくらいになったら、ボウルを斜めに置いてゴムベラで円を描くように混ぜてしっかり繋げる。

❼

残りの卵を3回くらいに分けて加え、その都度、まとまるまでよく混ぜる。

point 最初は多めで、あとは硬さの調整のため少なめに加える。ただし、加える量が少しずつすぎると時間がかかり生地の温度が下がってしまう。

point 卵を加える回数が多いと、内層の膜がたくさんできてしまう。その分、ダマはやや多くなるが、ダマは食感に影響しないので気にしなくてよい。

❽

でき上がりの目安は、ゴムベラで生地をたくさん持ち上げてから落としてみて、ゴムベラに残った生地がきれいな三角形になるくらい（卵を残しても可）。

point 生地の硬さが重要。たらたら落ちるのはゆるすぎて、焼き上がりがきれいな形にならない。

point ゴムベラから落ちた生地がきれいな三角形になったら、それ以上卵は入れない。沸騰のさせ方で入る卵の量が変わる。

［生地を絞る］

❾

シュー生地が温かいうちに、12mm程度の丸口金をつけた絞り袋に入れ、直径45mmで16個分絞る。

point 温かいうちの方が絞りやすい。絞ったあとは生地が冷めても乾燥しなければ問題ない。

point 風が出るタイプのオーブンはオーブンシートの上に重石をするか、残りの生地をベーキングシートの裏に絞って貼りつける。

［焼く］

❿

生地用の溶き卵を刷毛で塗り、卵が乾く前にアーモンドダイスを多めに振りかける。

point シートに垂れないように塗る。垂れるとくっついて膨らみにくくなる。

⓫

200℃に予熱したオーブンを160℃にセットして30分、天板の向きと上下を変えて10分程度焼く。そのままオーブンで冷ます。

point 予熱は高めにしっかりしておく。

point 焼いている間はオーブンのドアを開けない（P128 検証⑤参照）。向きを変えるのは、ひび割れまでしっかりと焼き色がついてからにする。

point 冷めるまでオーブン庫内において中までパリッとさせる。

point 膨らまないときは、絞ったあと時間が経って生地が乾燥してしまっている可能性もある。

ディプロマットクリーム

材料

直径45mm 16個分（余る場合あり）

◆ クリーム

牛乳	400g
バニラビーンズ	½本
微粒子グラニュー糖	100g
薄力粉（バイオレット）	15g
コーンスターチ	15g
卵黄	100g
発酵バター	45g
生クリーム（乳脂肪分36〜46％）	100g

下準備

- バニラビーンズは裂いて取り出した種と鞘を牛乳に入れておく。香りは鞘の部分に多いため（鞘は捨てずに再利用できる。P118参照）
- グラニュー糖、薄力粉、コーンスターチは、合わせてふるっておく
- バターは冷やしておく
- 生クリームはラップをかけて、ボウルごと冷蔵庫に入れておく

/ シュー・ア・ラ・クレーム /

［材料を混ぜる］

❶

合わせた粉類をボウルに入れ、泡立て器で混ぜる。
point 粉のかたまりができにくい方法。

❷

牛乳の一部を❶のボウルの中心に入れて混ぜ、卵黄を加えて軽く混ぜる。

❸

残りの牛乳を電子レンジなどでしっかり湯気が出るまで温めて、❷に加えて混ぜ合わせる。

［煮上げる］

❹

厚手の鍋に入れて、鍋底からはみ出さない強火にかけて、絶えずかき混ぜつつ煮る。固まりができ始めたら混ぜるスピードを上げる。

❺

しっかりと中心がふつふつするまで煮上げる。煮上がると、手応えが軽くなり、クリームが鍋肌から自然に剝がれる感じになる。
point しっかり煮ないと、粉っぽいカスタードになる。

117

❻

火から下ろして冷たいバターを加える。すぐに泡立て器でしっかり混ぜる。

point バターは風味づけのために加える。

❼

バットに移してラップをぴったりと貼りつける。バットの上下を保冷剤で挟んで急冷する。

point ラップをぴったりと貼りつけ空気を遮断する。ラップと温かいカスタードクリームの間にすきまがあると、水滴がついて腐敗の原因になる。

point 急冷する理由は、菌が繁殖して腐敗する温度帯をすばやく通過させるため。卵は卵白より卵黄が腐敗しやすい。

point 保冷剤で全面を覆い、ときおり保冷剤をひっくり返す。

［クリームを仕上げる］

❽

完全に冷めてから、裏漉し器で漉し、卵のカラザやバニラビーンズの鞘を取り除く。

point 裏漉し器で漉すときはカードがあると便利。押しつけるようにして真下に落とす。グリグリと練るようにするとコシがなくなってしまう。

❾

point 完成したクリームの絞った形をキープしたいときは、混ぜすぎない。

❽をボウルに移し、泡立て器で軽く混ぜてなめらかにする。

※バニラビーンズの鞘の再利用
使い終わったバニラビーンズの鞘は乾燥させて、手でぱきっと折れるくらいになったら、ミキサーにかける。
茶漉しでふるって、残ったものを「ミルサー」にかけ、細かい粉末になるまで繰り返す。
できたものは、クッキーなどに少量混ぜ込んでバニラの香りをつけるのに使う。

/ シュー・ア・ラ・クレーム /

冷やしておいた生クリームは、ボウルの底を氷水に当てて、硬めに泡立てる。

point 完成したクリームの絞った形をキープしたいときは、生クリームを硬めに泡立てる。または生クリームの乳脂肪分が高いものを使用する。

⓫

⓾を⓽のボウルに3回に分けて加え、混ぜる。

point 1回目はボウルを回しながら泡立て器でしっかり混ぜる。2回目は泡立て器のワイヤーの間を通すイメージ。ガシガシと混ぜず、泡立て器で下からすくって、泡をつぶさないように優しく混ぜる。3回目はゴムベラで全体を均一にする。

※翌日までに使いきること。

［クリームを絞る］

❶

シュー生地を上から1/3のところでカットする。

❷

12mm程度の丸口金をつけた絞り袋にクリームを入れて、下の部分のシュー生地に絞り、上の生地でふたをする。

point 大きめの口金の方が、絞り跡が残らずきれいに絞れる。

119

検証 ①

Vérification No.1

材料を全て常温にする場合と、温度差がある場合の違いは？

生地に含まれる水分量が変わる

P114の❶で、厚手の鍋に牛乳、バター、塩、グラニュー糖を入れて、中心まで沸騰させます。

このとき、バターが冷たいまま火にかけると、全ての材料が溶けるまでに水分が飛びすぎることに。こうなると、生地に含まれる水分量が少なくなります。写真を見ると、周囲の生地がカッチリとしていることがわかります。

また、生地が膨らまない要因になっていることもわかります。生地が膨らむのは、中に含まれる水分が、外側に向かって水蒸気になって中から押し上げているから(P128参照)。

水分が足りていないので、高さの出ない硬めの生地になります。

バターが溶けるタイミングと、水分の沸騰が同時になるよう、バターは冷たくない状態にしておきましょう。

検証 ②

Vérification No.2

水分の量を増やしてみると？

立ち上がりが断然違い、食感も変わる

基本の作り方(P112〜116)で、牛乳を40g増量して作ってみました。

水分が多いと生地がダレるので、絞った段階でもやや横に広がっているのがわかります。

そのまま焼いてみると、高さ(立ち上がり)が全然違います。

また、水分が多いからか、やわらかく、むちっとした生地の厚みを感じます。

今回は牛乳を増やしているので、焼き色がしっかりついていますが、水を増やした場合についてはP126〜127の検証④に近い結果になります。

水分を牛乳だけにするのではなく、水と牛乳を同量(半々)にする配合も見受けられます。

基本の作り方（P112〜116）通り
牛乳を160gにして作ったもの

牛乳を200gにして作ったもの

⌄

⌄

検証 ③

Vérification No.3

同じ配合のまま小麦粉の種類を変えてみると？

「フランス」はザックリ、「バイオレット」はやや軽め

レシピによって小麦粉の種類が分かれるので、それぞれの仕上がりに差が出るのか検証しました。

小麦粉は生地を支える「骨格」となるもの。特にシュークリームは、生地中の水分が水蒸気となり生地を持ち上げて焼き固まるので、骨格となる小麦粉の違いが顕著に出ると思い、比べてみました。

作り方は、基本の作り方(P112〜116)で統一しました。

「フランス」はタンパク質の量が12％で準強力粉に分類されます。でき上がった生地は、ザックリとした食べ応えのある食感になり、濃厚なクリームによく合う仕上がりです。

「バイオレット」はタンパク質の量が7.8％で、薄力粉に分類されます。サックリと軽い食感になり、周りの生地の焼き色もやや濃いように見えます。

「お菓子には薄力粉を使うもの」だと思われるかもしれませんが、小麦粉の種類ごとの性質を知っていれば、食感の違ったシュー生地を作ることができます。

基本の作り方（P112〜116）通りに
準強力粉（フランス）で作ったもの

薄力粉（バイオレット）で作ったもの

検証 ④

Vérification No.4

牛乳を水に替えてみると？

焼き色も薄く、風味もやや軽くなる

作り方は、基本の作り方（P112〜116）で統一しました。

写真で比較すると、しっかりとした焼き色と香りは、牛乳を使うからこそだとわかります。

水にすると、生地そのものの風味が弱くなります。

今回紹介している濃厚なディプロマットクリームと合わせるには、少し生地が軽すぎると言えるかもしれません。

そういうバランスを考え、基本の作り方では、生地に牛乳を入れて作りました。

軽い味わいのクリームであれば、水を使った軽い生地を使う方が相性がよいでしょう。

水分の種類で、生地に大きな差があることがわかるので、ぜひ作り比べてみてください。そうすることで、クリームと生地のバランスを考えて、水分の種類や配合を自分で選ぶことができるようになります。

基本の作り方（P112〜116）通りに
牛乳で作ったもの

水で作ったもの

検証 ⑤

Vérification No.5

オーブンを開けるタイミングに注意！

庫内の温度が下がるとしぼんでしまう

シュー生地を焼いているときはオーブンを開けないように、と強く言われるのはなぜなのでしょうか？

生地が膨らんでいるのは、生地の中に含まれている水分がオーブン庫内で熱されて水蒸気となり、それが中から押し上げているからです。

骨格になるべき卵や粉が焼き固まる前にオーブンを開けてしまったら、冷たい空気が入り込み、オーブン庫内の温度が下がってしぼんでしまいます。

一度しぼんだ生地はもう二度と膨らまないため、焼きひびが入っている部分に焼き色がつくまでは、絶対にオーブンを開けないようにしましょう。

Lesson 08

レーズンサンド

Raisin sandwich

レーズンサンド

Raisin sandwich

シュクレ生地に、ラム酒風味のレーズンと、たっぷりの濃厚バタークリーム。
誰もが好きなレーズンサンドです。
冷蔵庫から出したてでも食べられる硬さの配合にしました。
単体でもおいしい生地は、クリームとなじんでも崩れる心配がありません。
バタークリームを卵白だけで作るのも、レーズンをラム酒の前にシロップに漬けるのも、
全ては発酵バターの風味をしっかりと感じるためです。

材料

約24枚分 (余りあり)

◆ シュクレ生地

発酵バター	90g
粉糖 (オリゴ糖入り)	50g
全卵	50g
アーモンドパウダー	80g
薄力粉 (バイオレット)	100g
レーズンのラム酒漬け (下記)	適量
バタークリーム (P134〜135)	適量

◆ レーズンのラム酒漬け

レーズン	75g
水	40g
グラニュー糖	20g
ラム酒	30g

レーズンはぬるま湯で洗って水気を切る。水とグラニュー糖を合わせて沸騰させ、レーズンを漬ける(レーズンをラム酒にダイレクトに漬けると、風味が強くなりすぎてしまう。全体のバランスを考え、まずシロップに漬ける)。粗熱が取れたらラム酒を加えて一晩おく。

下準備

バターは常温でゆるめておく

粉糖は茶漉しで漉しておく

アーモンドパウダーと薄力粉は、それぞれふるっておく

> 基本の作り方

［材料を混ぜる］

❶

バターを入れたボウルに、粉糖を2〜3回に分けて加えて(分けて加えると粉糖が飛び散らずに混ぜることができる。空気をたくさん抱き込む必要はない)、その都度ゴムベラで混ぜる。

❷

少量の溶き卵を❶に入れたら、ゴムベラでバターを縦に切るようにし、卵をバターにまぶしていくように細かくする。それ以上切り混ぜられないくらいになったら、ボウルを斜めに置いてゴムベラで円を描くように混ぜてしっかり乳化する。これを繰り返す。

point 混ぜながら乳化したこと(=重さ)を感じることが大切。乳化した生地には重さがあり、引きがある手応えになる。乳化したかどうかチェックするポイントはボウルを斜めに置いたときに、生地が滑り落ちるかどうか。一見乳化したように見えても、時間をおくと分離がわかる。

❸

アーモンドパウダーを再度ふるいながら、❷に加えて混ぜる。

point アーモンドパウダーはグルテン(P8参照)が出ないので先に混ぜる。

point ゴムベラについた生地をこまめに取って混ぜること。ここにバターの混ぜ残りが多くつきやすい。

/ レーズンサンド /

❹

薄力粉を再度ふるいながら❸に加えて混ぜる。

point 薄力粉はふるいながら加えると、分散しやすい。

［生地を伸ばして休ませる］

❺

ひとまとめにしてラップで包み、形を整える。扱いやすくなるまで、30分程度冷蔵する。

❻

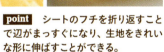

ギターシート（なければ厚手のビニールシートでも可）の中央に置いて挟み、麺棒で2〜3mmの厚さに伸ばして冷凍する。

point シートのフチを折り返すことで辺がまっすぐになり、生地をきれいな形に伸ばすことができる。

point ギターシートは厚手のチョコレート用ビニールシートで、表面にシワがよりにくい。製菓材料店やインターネットで購入可。

※伸ばした生地は、しっかりとラップで包み、1週間ほど冷凍保存可。冷凍のまま型抜きをする。

［型抜きする］

❼

冷凍した生地を型で抜き、すぐにシルパン（P28参照）にのせる。

point 生地を冷やした天板にのせて作業を行うと、生地の硬さをキープできてスムーズ。

point 生地がゆるまないうちにギターシートから両面を剥がすと扱いやすい。

［焼く］

❽

160℃のオーブンで8分程度、天板の向きを変えて2分程度焼いて冷ます。焼き色はやや薄めに仕上げる。

バタークリーム（イタリアンメレンゲ）

材料

10～12セット分

◆ バタークリーム

発酵バター	100g
微粒子グラニュー糖	45g
水	15g
卵白	30g

point 卵白だけで作ると、味や色がつけやすい。卵黄を使うとコクのある味わいになる（P140～141 検証③参照）。今回はバターの香りを立たせるため卵白のみで作る。

下準備

バターはしっかりとゆるめておく

[バタークリームを作る]

❶

グラニュー糖、水を小鍋に入れて火にかけ、シロップを作る。

鍋で117℃まで煮詰めたシロップを、軽く泡立てた卵白に注ぎながら、高速のハンドミキサーで泡立てる。シロップを入れ終わったら、低～中速で粗熱が取れるまでしっかり泡立てる。

point 泡立てておくのは抱き込んだ空気をクッションとし、シロップを入れたところが煮えて固まりにくくするため。大量に作る場合は、シロップの温度が下がりにくいため、卵白を泡立てておくと、卵白の一部だけが煮える失敗がない。泡立て具合によるクリームの仕上がりの差は、P138～139の検証②参照。

/ レーズンサンド /

❷

❶のメレンゲの中に、バターを2〜3回に分けて加え、その都度低速でよく混ぜる。

point ぎゅっと詰まったような手応えを感じたら次を入れてよい。途中でボソッとしたようになるが、全部を入れきると乳化して手応えがしっかりするので、そのまま続けて入れきる。

※冷蔵庫で保存すると硬く締まって絞れなくなる。3〜4日以内で使いきる。

[サンドする]

❸

レーズンは汁気を切っておく。

❹

片目口金をセットした絞り袋にバタークリームを入れ、全ての生地に、1枚につき3列(6〜8g)絞る。

❺

半分の枚数にレーズンを9粒のせる。

❻

クリームのみを絞ったものを❺にのせ、少しだけ押してなじませる。

※密閉容器に入れて、4〜5日冷蔵保存可。

135

検証①

Vérification No.1

バタークリームの作り方で、バターを泡立てない場合と、泡立てる場合の違いは？

最後にバターが香るリッチなクリームか、ふんわりとしてやや軽い風味か

バタークリームの作り方にもいくつか種類があります。でき上がりの風味や口当たりの違いについて検証してみました。

バターの状態以外は、基本の作り方(P134〜135)で統一しました。

バターを泡立てないで作るということは、空気が入らない分バターそのものの風味が強く残ることになります。特徴的なのは、最後に芳醇なバターの香りが感じられること。濃厚なクリームを好むのであれば、こちらがおすすめです。

泡立てたバターで作ると、ふんわりとした口当たりに。バターの風味がやや軽くなり、後味に甘みを感じられるようになります。軽めのクリームを好むのであれば、こちらがおすすめです。

基本の作り方(P134〜135)通りに
ゆるめたバターを加える

泡立てたバターを加える

イタリアンメレンゲに
ゆるめたバターを加えて作ったもの

イタリアンメレンゲに
泡立てたバターを加えて作ったもの

検証②

Vérification No.2

バタークリームの作り方で、強く泡立てた卵白にシロップを加えてみると？

でき上がるクリームのボリュームに違いが出る

イタリアンメレンゲの作り方を見てみると、シロップを入れるタイミングが違う場合があります。それについて検証してみました。

卵白の状態以外は、基本の作り方(P134〜135)で統一しました。

卵白を少し泡立てた方はボリュームがやや少なくなりました。卵白を強く泡立てることによって、ボリュームがあり、少し軽いバタークリームができます。

シロップを注ぐ際、卵白を軽く泡立てるのも強く泡立てるのも、泡を抱き込むことによって、熱いシロップを注いだときに卵白が煮えるのを防ぐため。ボリュームを出したいか、シロップの量が多いか少ないかで、泡立て具合は変わります。

バタークリームを大量に作るときには、1ヶ所だけが一気に煮えないように、全体をきちんと泡立てる必要があります。

このレシピは卵白に加えるシロップも少量で、すぐに温度が下がるため、軽く泡立てているだけでも卵白が煮えないのでそのようにしていますが、まったく泡立てないと卵白が煮えてしまいます。

基本の作り方(P134〜135)通りに軽く泡立てた卵白

強く泡立てた卵白

軽く泡立てた卵白にシロップを入れて作ったもの

強く泡立てた卵白にシロップを入れて作ったもの

検証 ③

Vérification No.3

バタークリームを
卵黄ベースで作ってみると？

⌄

コクのある濃厚な
バタークリームができ上がります

バタークリームにはさまざまな種類があります。

卵白だけを使う「イタリアンメレンゲ」ベースのもの、卵黄で作る「パータボンブ」ベースのものなど…。それらについて比較してみました。

今回のレーズンサンドでは、よりバターの香りを楽しんでもらうため、卵白だけで作るイタリアンメレンゲをベースとした、ふんわり軽い味わいのバタークリームを紹介しています。

合わせるものの味を、より引き立たせたいときに向いていると言えます。また、白く仕上がるので、着色をしたいときにもおすすめです。

よりコクのあるクリームを作りたいなら、卵黄を使用しましょう。風味が強くなり、濃厚でしっかりとした味わいになります。

バタークリームそのものを楽しみたいお菓子には、こちらが向いています。

基本の作り方（P134〜135）通りに、
卵白（イタリアンメレンゲ）ベースで作ったもの

卵黄（パータボンブ）ベースで作ったもの

Lesson 09

ダックワーズ・オ・カフェ

Dacquoise au café

ダックワーズ・オ・カフェ

Dacquoise au café

もともとは、卵白で作ったアントルメの土台用などの生地に、
日本人シェフがクリームを挟んだことから生まれたダックワーズ。
パリッとした表面に、中はふわっと優しい口当たり、
そして、香ばしいアーモンドの風味が楽しめます。
なんといっても卵白の泡立てが大切なので、ポイントに注意しながら作ってください。
バタークリームに使うパータボンブの作り方も、家庭向けに考えた独自の方法です。

材料

ダックワーズ型 約12組分

◆ ダックワーズ生地

卵白	120g
レモン果汁	2g
微粒子グラニュー糖	50g
アーモンドパウダー	90g (95gをから焼きして冷まして90g計量)
薄力粉 (ドルチェ)	25g
粉糖 (オリゴ糖入り)	40g

point レモンの酸を加えることでpHを調整する。卵白はアルカリ性なので、酸を加えて中性に近づけた方が泡立ちがよい。

◆ 生地の仕上げ用

粉糖 (オリゴ糖入り)……………… 適量

下準備

アーモンドパウダーは150℃のオーブンで5分程度から焼きして冷ましておく

point から焼きすることで香りのインパクトが出る。香りを主張したい場合は焼く。そうでないお菓子には焼かずにそのまま加える。

アーモンドパウダー、薄力粉、粉糖は、合わせてふるっておく

> 基本の作り方

［材料を泡立てる］

❶

ボウルに卵白を入れてレモン果汁を加え、氷水に当てながら、高速のハンドミキサーで20秒泡立てる。

point 新鮮な卵白、冷たいものを使う(P150〜151 検証①、P152〜153 検証②参照)。

❷

全体が泡状になってきたら、グラニュー糖の1/3量を加え、中速で30秒程度泡立てる。さらにグラニュー糖の1/3量を加え、低速で30秒程度泡立てる。

❸

残りのグラニュー糖を加え、低速で時間をかけて泡立てる。

❹

❸のボウルに、合わせた粉類を再度ふるいながら入れて、ゴムベラで底から持ち上げるようにして丁寧に混ぜ合わせる。

point 混ぜすぎも、混ぜなさすぎもNG。

/ ダックワーズ・オ・カフェ /

[型に絞る]

12mm程度の丸口金をセットした絞り袋に入れて、オーブンシートの上に置いた型に絞る。パレットナイフで型の表面をならす。

[型をはずす]

水で濡らした竹串で型の周囲を一周してから、そっとはずす(竹串はその都度ペーパーで拭くとよい)。

[焼く]

生地の仕上げ用の粉糖を表面に軽く振り、溶けたらもう一度振る。

160℃のオーブンで10分程度、天板の向きと上下を変えて3分程度焼く。冷めたら、オーブンシートからはずして粗熱を取る。

クレーム・オ・ブール(バタークリーム)

材料 作りやすい分量

◆ バタークリーム
発酵バター	150g
卵黄	30g
水	25g
微粒子グラニュー糖	70g
トラブリ(濃縮コーヒーエキス)	8g
(インスタントコーヒーを同量の湯で溶いても可)	
クレーム・ド・モカ(コーヒーのリキュール)	5g

下準備

バターは常温でゆるめておく

[材料を混ぜる]

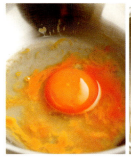  

ボウルに卵黄を溶きほぐし、水を加えてゴムベラで混ぜる。グラニュー糖を加えて混ぜる。

point 黄身のかたまりができにくい順序で合わせる独自の方法。熱いシロップを使うと作業性がよいなどの理由があるが、一般的な家庭にはシロップの作り置きがない。先に卵黄に水分を合わせることで、グラニュー糖と合わせたとき黄身のかたまりができない。

[湯せんにかける]

❷

❶のボウルを湯せんにかけて83℃まで温度を上げる。

point 常にゴムベラでかき混ぜつつ温度を上げるが、混ぜすぎると水分が飛びすぎる。

point 83℃は卵の殺菌の目安温度だが、少量なのでとろみがつく、底に筋が書ける、などの見た目でも判断する。

[泡立てる]

❸

湯せんからはずしたらすぐに、粗熱が取れるまで卵をしっかりと泡立てる。

/ ダックワーズ・オ・カフェ /

[乳化させる]

④

粗熱が取れたら、バターを2〜3回に分けて加え、その都度混ぜて乳化させる。

point 卵黄に混ぜるので繋がりやすい(P11参照)。バターがゆるんでいることが大切。

[コーヒーの味をつける]　　　[サンドする]

⑤

トラブリとクレーム・ド・モカを合わせて混ぜ、④に少しずつ加えて混ぜる。

⑥

丸口金をセットした絞り袋に入れて、半分の枚数の生地に、フチ5mmほどを残して絞る。

⑦

残りの生地をのせ、少し押さえてなじませる。密閉容器に入れ、涼しいところで、3〜4日ほど保存可。冷蔵庫で保存する場合は食べる少し前に出す。

※焼いた生地は乾燥しやすいので、クリームを挟むところまで完成させて、3〜4日以内で食べきる。

※クリームだけを冷蔵庫で保存すると硬く締まり、絞れなくなる。ただし、常温保存はあまりおすすめできない。冷蔵保存したものは2〜3日以内で使いきる。

検証 ①

Vérification No.1

割卵してすぐの卵白を使う場合と、時間が経った卵白を使う場合の違いは？

泡立ちの早さと泡の強さが違う！

時間が経った卵白を使う方がいいとされるお菓子もあるので、検証してみました。

時間が経った卵白は、割卵してから2週間後のものを使用。

作り方は、以下で統一しました。
① 卵白70g、グラニュー糖30gを使用。
② ハンドミキサーの高速で20秒混ぜる。
③ グラニュー糖を加える。
④ ハンドミキサーの中速で30秒混ぜる。
⑤ グラニュー糖を加える。
⑥ ハンドミキサーの低速で30秒混ぜる。
⑦ グラニュー糖を加える。
⑧ ハンドミキサーの低速で1分40秒混ぜる。

卵白は、大きく「濃厚卵白」と「水様卵白」に分けられます。卵が新鮮なうちは、濃厚卵白と水様卵白の比率がほぼ同じですが、時間が経つにつれて、水様卵白の比率が高くなっていきます。

割卵したての卵白は粘度が高く、漉し器もなかなか通りません。時間の経った卵白は粘度が低く、漉してみるとスルスルと落ちていきます。濃厚卵白をより多く含む新鮮な卵は、泡立ちにくいのですが、できた気泡の安定性はしっかりしています。キメが細かく安定性のあるメレンゲを作りたい場合は、新鮮な卵を使うとよいでしょう。

卵が古くなると増える水様卵白は表面張力が弱く、空気を抱き込みやすい性質を持っています。そのため泡立ちやすいのですが、全体的にコシがなく、安定性はあまりよくありません。

卵白の泡立てについてはいろいろな考え方があります。検証によって、どちらが自分のお菓子作りの目的や状況に合うか考えてみましょう。

割卵してすぐの卵白
（70gのうち、17gが落ちた）

割卵してから2週間が経った卵白
（70gのうち、30gが落ちた）

基本の作り方（P146）通りに
割卵してすぐの卵白で作ったメレンゲ

割卵して時間が経った卵白で作ったメレンゲ

検証②

Vérification No.2

冷たい卵白を使う場合と、半解凍の卵白を使う場合の違いは？

泡の強さが違うため、粉類と合わせるときに注意

余った卵白は冷凍保存が可能です。でも、その解凍した卵白は割卵したての卵白とまったく同じ状態なのだろうか？ という疑問から、この検証をしました。

配合は、基本の作り方（P145）で統一しました。粉類を入れてからは、ゴムベラで30回混ぜる作り方で統一しました。

冷たい卵白は表面張力が強いため、泡立つまでは時間がかかります。しかしその分しっかりと立てると強い泡ができ上がります。泡が強いので粉類と合わせるときは、きちんと混ぜ合わせる必要があります。

半解凍の卵白は表面張力が弱いため早く泡立ちますが、泡の安定性は低くなります。泡の力が弱いため、粉類と合わせるときには混ぜすぎないことが重要です。混ぜすぎると、かさが減り、目が詰まった感じになってしまいます。それの対処法としては乾燥卵白を添加して、安定性を高めるのもよいでしょう。

同じ容量の容器に入れてみると、比重に大きな差があることがわかります。冷たい卵白で作った方が空気を抱き込んでいるのでかさが増し、同じ容量のカップに少ししか入らないのです。同じ回数で粉を混ぜ合わせたあともたくさん空気を抱き込んでいるため、ふんわりとした食感の生地に。

半解凍の卵白は、同じ回数で粉を混ぜ合わせたあとの空気の量が少ないものの、見た目の膨らみ具合はさほど変わらなかったので、密度が違うということになります。

ダックワーズのようにふんわりとした生地にしたいときは、冷たい卵白のメレンゲが向いていますが、泡が強すぎると割れてしまうマカロンや、モコモコした泡を使うと、中に空洞ができやすくなるガトーショコラには、強すぎない泡が向いていると言えます。

また、冷たい卵白で作ったものの方が、生地中の空気とともにアーモンドの香りが広がります。

基本の作り方（P146）通りに
冷たい卵白で作った生地

半解凍の卵白で作った生地

130mlの容器に入れた場合、50gの生地が入る

130mlの容器に入れた場合、61gの生地が入る

検証 ③

Vérification No.3

卵白に加える砂糖の量を変えてみると？

どのようなメレンゲを作りたいかで、砂糖の量が決まります

メレンゲを作るとき、卵白に対して加える砂糖の量と加えるタイミングはさまざまです。砂糖の特性の一つである泡立ちを保つ、または泡立ちを阻害する点について検証してみました（P9参照）。

卵白60gに対し、加えるグラニュー糖の量を10g、30g、60gで比較しました。入れるタイミングは、泡立てる前で統一しました。

砂糖には、卵白に対して2つの特性を持っています。粘度を高めて泡立ちにくくする作用と、気泡の安定性を高める作用です。

卵白60gに対し砂糖を10gしか入れない場合は、すぐに泡立ちますが、メレンゲが安定しにくいことになります。砂糖の量が少なめの場合は、泡立ての阻害にはならないので、泡立て始めるのと同時に加えるとよいでしょう。

卵白60gに対し、砂糖を同量にあたる60gも入れる場合は、最初から加えるとまったく泡立ちません。砂糖の量が多めの場合は、きちんとボリュームが出てから数回に分けて加えます。目が詰まり、ねっとりした仕上がりで、焼いたメレンゲ菓子（ムラング）を作るのに向いています。

卵白60gに対し、砂糖を半量にあたる30g入れると、泡立ちやすさもあり、安定したメレンゲを作ることができます。半量ほどであれば、基本の作り方（P146参照）くらい泡立ててから加えるとよいでしょう。

グラニュー糖を 10g 加えたもの

グラニュー糖を 30g 加えたもの

グラニュー糖を 60g 加えたもの

検証 ④

Vérification No.4

同じ配合のまま
小麦粉の種類を変えてみると？

わずかな違いだが、
食感に差が出る

日本の小麦粉は海外のそれと比べてかなり多種多様です。各メーカーから特徴のある粉がたくさん発売されています。製菓材料店での情報として知りうるタンパク質の量の違いと、それによる仕上がりの差を検証してみました。

作り方は、基本の作り方(P144～147)で統一しました。

小麦粉は生地を支える骨格となるもの。そして、その土台の持つ力は、粉に含まれるタンパク質の量とグルテンの質によって決まります(P8参照)。

「ドルチェ」はタンパク質の量が9％で、薄力粉に分類されます。「フランス」の生地より、時間が経つとやや軽くなる印象。噛んだあとの風味の残り方が、若干強く感じられます。

「フランス」はタンパク質の量が12％で準強力粉に分類されます。焼いた生地は時間が経つと、生地自体の風味がより強く感じられるように。濃厚なクリームと合わせるのに向いています。

ダックワーズの配合では使う小麦粉の量が少ないため、わずかな違いでしたが、他のお菓子でも検証しているので、参考にしてください(P24～25、44～45、56～57、92～93、104～105、124～125参照)。

基本の作り方（P144〜147）通りに
薄力粉（ドルチェ）で作ったもの　　　準強力粉（フランス）で作ったもの

おわりに epilogue

厚焼きバターサブレ
フィナンシェ
バターケーキ (パウンドケーキ)
ジェノワーズ (ショートケーキ)
パート・サブレ (キャラメルナッツのタルト)
パイ (フラン・ナチュール)
シュー・ア・ラ・クレーム
レーズンサンド
ダックワーズ・オ・カフェ
9種類のお菓子と、それらに対する細かい検証、いかがでしたでしょうか?

検証での違いがわかるよう、できるだけ写真も細かく掲載しました。
写真でわかる違いもたくさんありますが、食べないとわからない違いもあるので、
実際に検証もできるのであれば、ぜひやってみてください。

そして、最後に伝えたい大切なこと。
それは「検証や理論は、おいしいお菓子を作るためのもの」です。

私はいつも食べてくれる人のことを想像しながら作っています。
しっかり準備をして、たくさんの手順を踏んで、気を遣ってお菓子を作るのは、
その先に、喜んで食べてくれる人の顔が見えるからこそ。
これは家庭でお菓子作りをしているからこその利点だと思っています。

「このお菓子の焼きたてってこんなにおいしいんだ!」という感動を共有でき、
おいしそうに食べてくれる姿を目の当たりにすることができる。

それは自分で作って身近な人に振る舞えるからこそ。
この点も大切にしてほしいと思います。
私は、私のお菓子を食べた人が「とってもおいしい!」と言ってくれることが、
何よりの喜びです。

お店と違って、家庭では自分の好きなように素材を選んで作ることができます。
ちょっと奮発して、ときには高いバターを使ってみるなど…。
さまざまな素材を知って、そこから選び取ることができるというのも、
家庭で作るお菓子の大きなメリットだと思います。
いろいろな素材の味を知った上で、選択することが大切なのだと思います。

簡単で手軽な方法でもお菓子は作れます。
ただ、それを知ってそこで満足してしまうと、
それよりもおいしいお菓子にたどり着くことは、難しいと考えています。
だからこそ、幅広くさまざまなお菓子を食べたり、素材の味や特徴を捉えたりして、
そして作ってみることで、自分なりのお菓子作りの幅を広げていってください。

この本で紹介しているレシピは、私が切磋琢磨していく中でたどり着いた、
家庭で作れるお菓子の一番おいしいものだと思っています。
でも私もまだ勉強の途中。さらにおいしいものが作れないか、日々模索しています。

失敗を恐れず、自分なりにお菓子作りを楽しんでいただけましたら幸いです。

たけだかおる

著者　たけだかおる　*Kaoru Takeda*

洋菓子研究家、製菓衛生師。幼少の頃からお菓子作りを始め、国内外のさまざまな教室やパティスリーで学ぶ。
現在は料理家や食のプロも通う洋菓子教室を自宅にて主宰。こだわりレシピと独自メソッドを教えるだけでなく、「失敗の原因」や「なぜこの材料を使うのか」などの理論を交えた明確なレッスンが好評で、各メディア、イベントでも活躍中。

● ブログ　http://kaoru-sweets.blog.jp/

【 材料協力 】

TOMIZ（富澤商店）
ホームページ・オンラインショップ
https://tomiz.com/
問い合わせ　042-776-6488

株式会社ラ・フルティエール・ジャポン
ホームページ
http://www.lfj.co.jp
問い合わせ　0422-29-7865

中沢乳業株式会社
ホームページ
www.nakazawa.co.jp
問い合わせ　0120-39-8511

【 参考文献 】
『新版 お菓子「こつ」の科学』（河田昌子著、柴田書店）

STAFF
撮影／福原 毅
　　以下のページを除く
　　P80／さくらいしょうこ、P110／たけだかおる
デザイン／大薮胤美、宮代佑子（株式会社フレーズ）
企画・編集／佐藤麻美
調理アシスタント／近藤久美子、
　　　　　　　　さくらいしょうこ、大石亜子

＊本書の内容に関するお問い合わせは、お手紙かメール（jitsuyou@kawade.co.jp）にて承ります。恐縮ですが、お電話でのお問い合わせはご遠慮くださいますようお願いいたします。

たけだかおる洋菓子研究室の
マニアックレッスン

2018年4月30日　初版発行
2020年9月30日　6刷発行

著者　　たけだかおる
発行者　小野寺優
発行所　株式会社河出書房新社
〒151-0051
東京都渋谷区千駄ヶ谷2-32-2
電話 03-3404-1201（営業）
　　 03-3404-8611（編集）
http://www.kawade.co.jp/
印刷・製本　凸版印刷株式会社

Printed in Japan
ISBN978-4-309-28679-2

落丁本・乱丁本はお取り替えいたします。
本書のコピー、スキャン、デジタル化等の無断複製は著作権法上での例外を除き禁じられています。本書を代行業者等の第三者に依頼してスキャンやデジタル化することは、いかなる場合も著作権法違反となります。